SOMMAIRE

AUTOCUISEUR

AUTOCUISEUR

AUTOCUISEUR

70) Viande à la génoise
71) Magatello avec mimosa
72) Chili avec de la viande
73) Poulet au curry
74) Poulet au vin rouge
75) Gelée de porc et de jarret
76) Poulet à la vapeur
77) Dinde avec pommes de terre et petits pois
78) Pilons de poulet avec légumes à l'étouffée
79) Lapin au citron
80) Ailes de poulet avec des pommes de terre
81) Ragoût de lapin au citron vert
82) Lapin aux champignons et aux pommes de terre
83) Rouleaux de poulet, jambon et fromage
84) Rouleau de dinde farci
85) Lapin à la ligurienne
86) Poitrine de poulet à la crème et aux champignons
87) Hamburger pizzaiola
88) Saucisses et pommes de terre
89) Filet de poivron vert

Sauces

90) Sauce à la seiche
91) Ragoût bolognais
92) Sauce tomate
93) Sauce tomate, basilic et olive
94) Ragoût de saucisses
95) Sauce au poulpe
96) Sauce à la génoise
97) Sauce au brocoli
98) Sauce aux pois
99) Sauce aux bébé poulpes

INTRODUCTION

Qu'est-ce que l'autocuiseur et à quoi sert-il ?

Fidèle allié de nombreuses cuisines depuis de nombreuses années et, aujourd'hui encore, utilisé même par ceux qui ne sont pas très familiers avec la cuisine en raison des innombrables avantages qu'il peut offrir, l'autocuiseur permet de cuire les aliments en des temps beaucoup plus courts que ce qui serait normalement le cas, grâce à la pression plus élevée qui est appliquée aux aliments par rapport à la pression ambiante d'une casserole traditionnelle.

À première vue, il s'agit d'une casserole très similaire à celles que nous avons tous dans nos garde-manger, mais en réalité, elle présente des différences substantielles. Tout d'abord, ses parois sont en acier inoxydable et sont beaucoup plus épaisses que celles d'une marmite traditionnelle, ensuite le couvercle adhère aux bords de la marmite grâce à un joint en caoutchouc qui permet une parfaite herméticité et est équipé d'une valve - souvent deux - qui permet aux vapeurs excédentaires de s'échapper lorsque la pression maximale est atteinte.

Grâce au couvercle, qui assure une fermeture hermétique, empêchant les particules d'eau qui s'évaporent de s'échapper vers l'extérieur comme cela se produit avec une casserole classique, à l'intérieur de l'autocuiseur, les mêmes particules d'eau, incapables de s'échapper, exercent une pression vers le bas obligeant le liquide de cuisson à ne pas bouillir. Ainsi, l'eau de cuisson ne bout plus à 100°C comme dans une casserole classique, mais à environ 130°C, ce qui permet aux aliments de cuire beaucoup plus rapidement.

En outre, une fois que l'eau atteint le point d'ébullition, elle maintient sa température à un niveau constant, de sorte que l'ensemble de la casserole bénéficie d'un apport de chaleur supplémentaire durable.

Quels sont les avantages d'un autocuiseur ?

Sans aucun doute, si l'on pense aux avantages dont on peut bénéficier en utilisant un autocuiseur, la première pensée va certainement à la réduction considérable du temps de cuisson de nombreux aliments - nous parlons d'un temps de cuisson qui peut être réalisé même en un tiers du temps traditionnel - de sorte que l'on peut économiser du temps, mais aussi du gaz ou de l'électricité selon le mode d'alimentation de son autocuiseur.

Ce dernier point est également important d'un point de vue environnemental car la quantité de combustible utilisée pour porter l'eau à ébullition et la maintenir à une température constante est certainement moindre. Cela dit, il est facile de voir que l'autocuiseur est un excellent allié lorsqu'il s'agit de cuisiner des aliments qui nécessitent des temps de cuisson longs, comme les légumes secs, par exemple, mais en réalité, vous pouvez passer des préparations de viande à celles à base de légumes, des flans aux timbales et même des vraies crèmes et des puddings pour réaliser de savoureux desserts.

Les personnes soucieuses de leur ligne et d'une alimentation saine apprécieront la cuisson à la vapeur de l'autocuiseur, qui permet de cuire les aliments très rapidement tout en préservant leurs minéraux et leurs vitamines. De plus, comme les arômes naturels des aliments ne s'évaporent pas à l'extérieur et restent au contraire intacts à l'intérieur de l'autocuiseur, il est possible de réduire la quantité de sel et d'épices que nous avons l'habitude d'utiliser dans la cuisine traditionnelle pour augmenter la saveur des aliments.

Cela est rendu possible non seulement par le joint hermétique dont la cuisinière est équipée, mais aussi par la répartition uniforme de la chaleur, qui préserve tous les arômes et les saveurs libérés par les aliments.

SPAGHETTI AUX TOMATES CERISES ET AU BASILIC

DOSES
4

PRÉPARATION
5 M

INGRÉDIENTS

- 400 g de spaghetti
- 3 verres d'eau
- ½ oignon
- q.b. gros sel
- 10 tomates cerises
- 2 cuillères d'huile evo

PRÉPARATION

- Hachez l'oignon et préparez un sauté avec de l'huile dans l'autocuiseur.
- Après quelques minutes, ajoutez les tomates cerises bien coupées et le basilic haché.
- Versez les trois verres d'eau et les spaghettis, fermez la marmite avec le couvercle et attendez qu'elle arrive à température.
- Attendez que l'autocuiseur commence à siffler, à partir de là, faites cuire pendant 4 minutes supplémentaires. Avant de servir, mélangez bien les pâtes avec la sauce.

PÂTES DE PENNE DE BLÉ ENTIER AUX AUBERGINES

DOSES
4

PRÉPARATION
5 M

INGRÉDIENTS

- 400 g pennettes intégrals
- 1 aubergine
- 1 oignon
- ½ carotte
- 3 verres d'eau
- 3 cuillères d'huile evo
- sel fin au goût

PRÉPARATION

- Hacher l'oignon et préparer un sauté avec l'huile et la carotte dans l'autocuiseur.
- Après quelques minutes, ajoutez les aubergines en dés et salez selon votre goût.
- Versez les trois verres d'eau et la pennette, fermez la marmite avec le couvercle et attendez qu'elle arrive à température.
- Attendez que l'autocuiseur commence à siffler, à partir de là, faites cuire pendant encore 5 minutes. Avant de servir, mélangez bien les pâtes avec la sauce.

ORECCHIETTES AVEC RAGOÛT DE VIANDE

DOSES
4

PRÉPARATION
5 M

INGRÉDIENTS

- 400 g des orecchiettes
- 200 g de sauce à viande
- 1 carotte
- 3 tomates mûres
- 3 verres d'eau
- 3 cuillères d'huile evo
- sel fin au goût

PRÉPARATION

- Hacher l'oignon et préparer un sauté avec l'huile et la carotte dans l'autocuiseur.
- Après 2 minutes, ajoutez les tomates mûres bien coupées, la sauce à la viande et le sel et faites cuire pendant environ 3 minutes sans couvercle.
- Versez les trois verres d'eau et les pâtes orecchiette, fermez la marmite avec le couvercle et attendez qu'elle arrive à température.
- Attendez que l'autocuiseur commence à siffler, à partir de là, faites cuire pendant encore 5 minutes. Avant de servir, mélangez bien les pâtes avec la sauce.

FUSILLI AUX HARICOTS NOIRS ET AUX NOIX

DOSES
4

PRÉPARATION
5 M

INGRÉDIENTS

- 400 g de fusilli
- 100 g des haricots noirs
- 3 noix
- 1 carotte
- 1 oignon
- 2 feuilles de laurier
- 2 cuillères d'huile evo

PRÉPARATION

- Hacher l'oignon et préparer un sauté avec l'huile et la carotte dans l'autocuiseur.
- Après quelques minutes, ajoutez les haricots noirs cuits à l'étouffée, le sel, la feuille de laurier et les noix et faites cuire pendant 2 minutes.
- Ajoutez les trois verres d'eau et les fusilli, fermez la marmite avec le couvercle et attendez qu'elle atteigne la température.
- Attendez que l'autocuiseur commence à siffler, à partir de là, faites cuire pendant 4 minutes supplémentaires. Avant de servir, mélangez bien les pâtes avec la sauce.

BUCATINI AVEC SAUCE AUX PALOURDES

DOSES
4

PRÉPARATION
5 M

INGRÉDIENTS

- 400 g de bucatini
- 500 g des palourdes décortiquées
- 1 gousse d'ail
- ½ piment frais
- persil haché
- 3 verres d'eau
- 3 cuillères d'huile evo

PRÉPARATION

- Ecrasez l'ail et faites-le revenir avec l'huile et le persil dans l'autocuiseur.
- Après 2 minutes, ajoutez les palourdes décortiquées, le sel et le piment, puis laissez cuire pendant 2 minutes.
- Versez les 3 verres d'eau et les bucatini, fermez la marmite avec le couvercle et attendez qu'elle arrive à température.
- Attendez que l'autocuiseur commence à siffler, à partir de là, faites cuire pendant 4 minutes supplémentaires. Avant de servir, mélangez bien les pâtes avec la sauce.

RISOTTO AU POTIRON

DOSES
6

PRÉPARATION
5 M

INGRÉDIENTS

- 500 g de riz
- 300 g de potiron
- 50 g de parmesan rapé
- ½ verre de vin blanc
- 40 g de beurre
- 1 litre de bouillon de légumes

PRÉPARATION

- Hacher l'oignon de tropea et préparer un sauté en faisant fondre le beurre dans l'autocuiseur et ajouter le potiron haché et le riz après 2 minutes.
- Préparez le bouillon et portez-le à ébullition ; ajoutez-le à la marmite lorsqu'il est très chaud, ajoutez le demi-verre de vin et fermez enfin la marmite.
- Fermez l'autocuiseur, maintenez le feu vif, mettez-le sous pression, puis baissez le feu et laissez cuire pendant environ 6 minutes à partir du moment où le sifflet retentit.
- Ajouter le beurre et incorporer le risotto. Avant de servir, mélangez bien le riz avec l'assaisonnement.

RISOTTO AU RADIS

DOSES
6

PRÉPARATION
10 M

INGRÉDIENTS

- 480 g de riz
- 2 radis rouges longs
- 1 litre de bouillon de légumes
- 4 cuillères d'huile evo
- parmesan rapé au goût

PRÉPARATION

- Faire revenir l'oignon et cuire le radicchio haché, puis ajouter le riz et le faire revenir.
- Préparez le bouillon et portez-le à ébullition ; ajoutez-le à la marmite lorsqu'il est très chaud, puis fermez la marmite.
- Lorsque l'autocuiseur commence à siffler, faites cuire pendant environ 7 minutes.
- Ajoutez le parmesan et incorporez le risotto. Avant de servir, mélangez bien le riz avec l'assaisonnement.

RISOTTO AU BŒUF

DOSES
6

PRÉPARATION
10 +
10 M

INGRÉDIENTS

- 480 g de riz
- 1 litre de bouillon de bœuf
- 300 g de viande de bœuf
- 3 gousses d'ail
- 3 feuilles de sauge
- sel au goût
- persil au goût

PRÉPARATION

- Faire sauter l'oignon et l'ail jusqu'à ce qu'ils soient dorés.
- Ajoutez le riz, le bœuf, la sauge, le sel et le poivre et faites cuire pendant environ 3 minutes.
- Baissez le feu et laissez cuire pendant environ 5 minutes après que la poêle ait commencé à siffler.
- Éteignez le feu et laissez reposer pendant environ 10 minutes. Avant de servir, mélangez bien les pâtes avec la sauce.

RISOTTO AUX LENTILLES ROUGES

DOSES
6

PRÉPARATION
10 M

INGRÉDIENTS

- 250 g des lentilles
- 480 g de riz
- 3 carottes
- 4 tomates cerises
- 3 branches de céleri
- 1 oignon
- 4 feuilles de laurier
- sel au goût

PRÉPARATION

- Faites tremper les lentilles pendant environ 12 heures.
- Préparez un sautoir avec l'oignon, le céleri haché et les carottes hachées, faites cuire pendant quelques minutes ; ajoutez ensuite les tomates cerises hachées et les feuilles de laurier, versez enfin le riz et faites-le revenir.
- Préparez le bouillon et portez-le à ébullition ; ajoutez-le à la marmite lorsqu'elle est en ébullition, puis fermez-la.
- Lorsque l'autocuiseur commence à siffler, faites cuire pendant environ 20 minutes. Ensuite, attendez quelques minutes avant d'ouvrir la cuisinière. Avant de servir, mélangez bien le riz avec l'assaisonnement.

RISOTTO AUX CALMARS ET AUX TOMATES CERISES

DOSES
6

PRÉPARATION
5 M

INGRÉDIENTS

- 480 g de riz
- 1 kg des calmars
- 1 oignon
- 1 piment frais
- 1 litre de bouillon de légumes
- ½ verre de vin blanc
- 4 cuillères d'huile evo
- sel et persil haché selon le goût

PRÉPARATION

- Faites sauter l'oignon, faites-le cuire pendant quelques minutes, puis ajoutez le piment.
- Versez les calmars dans l'autocuiseur en augmentant légèrement le feu, puis ajoutez le vin.
- Retirez le piment et ajoutez le riz, faites-le revenir pendant quelques minutes, puis versez le bouillon à feu vif.
- Lorsque l'autocuiseur siffle, laissez-le cuire pendant environ 5 minutes, puis éteignez le feu et laissez-le reposer un moment avant de l'ouvrir. Avant de servir, mélangez bien le riz avec l'assaisonnement.

AGNEAU AUX ÉPICES

DOSES
4

PRÉPARATION
10 M

INGRÉDIENTS

- 1 épaule d'agneau coupée en morceaux
- 2 oignons
- 2 gousses d'ail
- 3 cuillères d'huile evo
- poudre de cannelle
- poudre de clous de girofle
- 1 baie d'anis
- poudre de coriandre
- cumin en poudre
- piment rouge fort

PRÉPARATION

- Pelez les oignons et coupez-les en tranches très fines, épluchez l'ail et hachez-le.
- Placez l'agneau dans l'autocuiseur et faites-le dorer dans l'huile, ajoutez l'ail et l'oignon.
- Saupoudrez de toutes les épices, salez et ajoutez un verre d'eau chaude.
- Fermez l'autocuiseur et faites cuire 12 minutes après le coup de sifflet. Servez l'agneau avec les épices bien chaud.

CUISSE D'AGNEAU À L'ÉTOUFFÉE AVEC DES LÉGUMES

DOSES
4

PRÉPARATION
10 M

INGRÉDIENTS

- 600 g de cuisse désossée
- 3/4 légumes différents au goût
- 6 tomates cerises
- huile et épices au goût
- ½ verre de bouillon de légumes

PRÉPARATION

- Assaisonnez l'agneau avec du sel et du romarin, roulez-le et attachez-le avec de la ficelle alimentaire. Faites-le revenir dans un peu d'huile et mettez-le dans l'autocuiseur en versant un demi-verre de bouillon de légumes.
- Fermez la cocotte et faites cuire pendant dix minutes après le coup de sifflet, à feu moyen ; une fois le temps de cuisson écoulé, laissez la valve se purger et ouvrez la cocotte.
- Retirez la viande et mettez tous les légumes, sauf les tomates cerises, coupés en morceaux assez gros dans la marmite. Ajouter les feuilles de thym, remettre l'agneau dans la marmite et enfin ajouter les tomates cerises.
- Refermez le cuiseur et laissez cuire pendant environ 6 minutes après le coup de sifflet.

AGNEAU À L'ÉTOUFFÉE DE SARDAIGNE

DOSES
4

PRÉPARATION
10 M

INGRÉDIENTS

- 1,5 kg d'agneau mélangé
- 1 botte fenouil sauvage
- 300 g des olives sardes
- 1/2 litre de Vernaccia di Oristano
- 200 g de pain Carasau
- huile d'olive
- sel
- poivre

PRÉPARATION

- Dépouillez la viande et séparez-la des os ; dans la cocotte-minute, préparez un bouillon avec les os d'agneau et le fenouil sauvage dans deux litres d'eau non salée, à cuire une heure après le coup de sifflet.
- Coupez la viande en morceaux égaux. Faites-le revenir dans une autre poêle avec de l'huile jusqu'à ce que l'eau de cuisson s'assèche et qu'il soit entièrement cuit.
- Déglacer avec le Vernaccia di Oristano jusqu'à évaporation complète. Ajoutez les olives, le sel, le poivre et le bouillon précédemment préparé jusqu'à ce que toute la viande soit couverte.
- Poursuivez la cuisson à feu très doux et avec un couvercle pendant environ 2 heures. La viande doit être servie sur une base de pain carasau trempé dans le liquide de cuisson.

AGNEAU AU CACCIATORA

DOSES
4

PRÉPARATION
5 M

INGRÉDIENTS

- 1 kg d'agneau
- 2 gousses d'ail
- 1 branche de romarin
- 2 feuilles de sauge
- 1/2 verre de vinaigre
- 350 ml d'eau
- 1/2 verre de farine 00
- q.b. huile

PRÉPARATION

- Faites chauffer une bonne quantité d'huile d'olive extra vierge dans une casserole, ajoutez l'ail et un peu de sel.
- Lorsque l'huile est chaude, ajoutez la viande et faites-la frire pendant 15 minutes.
- Ajoutez la sauge, le romarin et le poivre et après avoir versé le vinaigre, laissez dorer pendant quelques minutes.
- Avant de fermer l'autocuiseur, ajoutez un demi-verre d'eau et de la farine pour obtenir une belle sauce.
- Fermez l'autocuiseur, baissez le feu et laissez cuire pendant 30 minutes après le coup de sifflet.

AGNEAU AVEC POMMES DE TERRE À LA MYRTE

DOSES
4

PRÉPARATION
10 M

INGRÉDIENTS

- 700 g pulpe d'agneau
- 5 pommes de terre en tranches
- 1 oignon de printemps
- 1 branche de myrte
- 30 g de beurre
- 500 ml d'eau
- farine, huile, sel et poivre au goût

PRÉPARATION

- Faites revenir l'oignon de printemps dans la casserole avec l'huile et le beurre et ajoutez la viande d'agneau écrasée dans la farine.
- Ajoutez la branche de myrte, les pommes de terre, le sel et le poivre.
- Versez 500 ml d'eau, fermez le couvercle et laissez la marmite monter en température à feu vif.
- À partir du moment où la marmite commence à siffler, baissez le feu et laissez cuire pendant encore 15 minutes. Servez l'agneau avec des pommes de terre au myrte bien chaudes.

RÔTI RAPIDE

DOSES
6

PRÉPARATION
10 M

INGRÉDIENTS

- 800 g de bœuf
- 2 branches de céleri
- 2 oignons, pommes de terre et carottes
- 1 boîte de tomates pelées
- 3 verres d'eau chaude
- au goût huile, sel, poivre
- champignons séchés
- beurre

PRÉPARATION

- Avant la cuisson, hachez finement tous les légumes et faites tremper les champignons séchés.
- Placez un petit morceau de beurre et une cuillère à soupe d'huile d'olive dans l'autocuiseur, mettez-le à feu vif et ajoutez la viande. Faire revenir les deux côtés, en ajoutant du sel et du poivre selon le goût.
- Ajoutez les légumes préalablement hachés et laissez la viande prendre goût, ajoutez le verre de vin rouge, la purée de tomates et les 3 verres d'eau chaude, enfin les champignons trempés, la feuille de laurier et le cube de bouillon.
- Fermez la marmite et laissez cuire à feu très doux pendant environ 60 minutes. Servez le rôti chaud.

RAGOÛT DE BŒUF AVEC POMMES DE TERRE ET ROMARIN

DOSES
4

PRÉPARATION
10 M

INGRÉDIENTS

- 500 g des bouchées de bœuf
- 2 gousses d'ail
- 3 grosses pommes de terre
- ½ verre de vin blanc
- au goût huile, curry, sel, romarin, poivre

PRÉPARATION

- Placez l'autocuiseur sur la cuisinière, en recouvrant la base d'huile d'olive.
- Ajoutez les deux gousses d'ail, une pincée de curry et immédiatement après les morceaux de bœuf, qui doivent être salés, poivrés et dorés pendant quelques minutes.
- Ajoutez suffisamment de vin blanc et fermez l'autocuiseur, augmentez légèrement la flamme jusqu'à ce que le sifflet retentisse, puis laissez cuire pendant 15 minutes en baissant la flamme.
- Nettoyez et coupez les pommes de terre, qui seront placées dans la marmite avec le romarin et cuites pendant 10 minutes supplémentaires avec la marmite fermée. Servez le ragoût de bœuf avec les pommes de terre et le romarin chaud.

BOEUF RÔTI

DOSES
4

PRÉPARATION
10 M

INGRÉDIENTS

- 500 g de viande de bœuf
- q.b. herbes aromatiques
- ½ échalote
- 1 oignon
- 1 branche de céleri
- 2 gousses d'ail
- 2 verres d'eau (ou de bouillon de légumes ou de vin blanc)
- au goût de l'huile, sel et poivre

PRÉPARATION

- Préparer le morceau de viande avec du sel et du poivre (couper pour insérer l'ail) ; lier la viande avec des herbes. Préparez un hachis de céleri, carotte et échalote.

- Mettez l'huile, les légumes et la viande hachés dans la casserole et faites-les revenir pendant quelques minutes ; ajoutez deux verres d'eau, de bouillon de légumes ou de vin blanc.

- Lorsque la poêle commence à siffler, baissez le feu et laissez cuire pendant 15 minutes supplémentaires. Servez le rosbif bien chaud.

RAGOÛT DE BŒUF AUX PETITS POIS

DOSES
4

PRÉPARATION
5 M

INGRÉDIENTS

- 500 g de viande de bœuf
- 100 g de petit pois
- 2 cuillères de farine 00
- 1 petit verre de marsala
- 400 ml de bouillon de légumes
- carotte, céleri et oignon hachés
- au goût sel, poivre, huile

PRÉPARATION

- Faites revenir la carotte, le céleri et l'oignon hachés dans l'autocuiseur ; ajoutez le bœuf et faites-le cuire pendant quelques minutes.
- Ajoutez la farine à la viande et remuez ; ajoutez le petit verre de marsala et laissez-le s'évaporer.
- Saler et poivrer la viande et ajouter 2 tasses de bouillon de légumes. Fermez l'autocuiseur et faites cuire, à partir du point de sifflement de la casserole, pendant environ 10 minutes.
- Ajoutez les petits pois et le persil haché et laissez à nouveau cuire pendant un quart d'heure à l'air libre, en maintenant la flamme basse. Servez le ragoût de bœuf aux petits pois chaud.

RAGOÛT DE VEAU ET OIGNONS BLANCS

DOSES
4

PRÉPARATION
5 M

INGRÉDIENTS

- 700 g de veau
- 1 verre de vin blanc
- 500 g des oignons blancs
- 500 ml de bouillon de légumes
- huile, sel et poivre

PRÉPARATION

- Hacher finement les oignons blancs, mettre l'autocuiseur sur la cuisinière avec 2 cuillères à soupe d'huile d'olive extra vierge et ajouter la viande, puis la faire revenir pendant 2/3 minutes.
- Déglacez avec un verre de vin blanc, ajoutez les oignons, salez et poivrez selon votre goût.
- Ajoutez maintenant les 500 ml de bouillon de légumes et fermez la marmite en augmentant le feu jusqu'à ce qu'il commence à siffler.
- Lorsque le sifflet retentit, abaissez la flamme au minimum et poursuivez la cuisson pendant environ 30 minutes. Servez le ragoût de veau aux oignons blancs bien chaud.

POULET AU CACCIATORA

DOSES
4

PRÉPARATION
10 M

INGRÉDIENTS

- 500 g de poitrine de poulet
- 3 cuillères de pulpe de tomate
- 2 cuillères de vin blanc
- ½ verre d'eau
- 1 oignon
- 1 brin de persil
- sel et huile au goût

PRÉPARATION

- Nettoyez bien le poulet, enlevez la graisse et coupez-le en morceaux de taille moyenne.
- Mettez le poulet dans la marmite et faites-le dorer avec l'huile et l'oignon sans couvrir avec le couvercle.
- Incorporez le vin et attendez qu'il s'évapore ; ajoutez ensuite tous les autres ingrédients et fermez le couvercle hermétiquement.
- À partir du moment où la casserole commence à siffler, baissez la flamme à feu doux et laissez le poulet cuire pendant encore 15 minutes.

POULET MIJOTÉ AVEC POMMES DE TERRE

DOSES
4

PRÉPARATION
5 M

INGRÉDIENTS

- 1 poulet
- 400 g des tomates pelées
- 4 pommes de terre
- ½ verre de vin blanc
- 1 verre d'eau
- origan et laurier au goût
- sel et poivre au goût

PRÉPARATION

- Coupez l'oignon en fines tranches et placez-le dans l'autocuiseur.
- Ajoutez les morceaux de poulet et tous les autres ingrédients, ajustez l'origan, le sel et le poivre à votre goût. Remuez bien, puis fermez la marmite et laissez cuire pendant environ une demi-heure à partir du sifflement, en baissant le feu.
- Lorsque le poulet est cuit, retournez-le et mettez-le dans la marmite avec l'assaisonnement ; ajoutez les pommes de terre nettoyées et coupées.
- Remettez la cuisinière à température et faites cuire, à partir du sifflet, pendant 10 minutes supplémentaires à feu doux.

POULET AUX OLIVES ET AU CITRON

DOSES
1

PRÉPARATION
5 M

INGRÉDIENTS

- 1 kg de poulet en morceaux
- le jus de 2 citrons
- olives noires au goût
- 1 verre de vin blanc
- 2 brins de romarin
- 2 gousses d'ail
- sel, poivre et huile au goût

PRÉPARATION

- Faites revenir les gousses d'ail écrasées dans l'autocuiseur avec un peu d'huile.
- Ajoutez ensuite le poulet et faites-le dorer en le retournant fréquemment pendant environ 10 minutes.
- Assaisonnez avec du sel et ajoutez le romarin et le vin. Lorsqu'elle s'est évaporée, retirez l'ail, versez l'eau et le jus des citrons et fermez la marmite.
- Lorsque le sifflement se fait entendre, baisser la flamme et laisser cuire pendant 10 minutes supplémentaires ; servir avec des olives et des quartiers de citron.

POULET À LA CRÉOLE

DOSES
4

PRÉPARATION
10 M

INGRÉDIENTS

- 1 poulet coupé en gros morceaux
- 1 carotte
- 1 céleri
- 1 petit oignon
- 1 gousse d'ail
- 4 tomates pelées
- ½ cuillère de farine 00
- sel, poivre, olives vertes, huile

PRÉPARATION

- Faites chauffer l'huile avec l'ail dans l'autocuiseur ouvert et faites-y dorer le poulet en le retournant fréquemment.
- Lavez et coupez la carotte, l'oignon et le céleri en petits morceaux. Ajoutez-les dans la marmite et faites-les frire pendant environ 3 minutes.
- Versez lentement la farine dans la casserole, en remuant bien. Retirez l'ail, ajoutez les tomates et assaisonnez de sel et de poivre selon votre goût.
- Fermez la casserole et faites cuire 8 minutes à partir du point de sifflement. Ajoutez ensuite les olives et laissez cuire un peu plus longtemps à feu modéré pour bien réduire la sauce.

CUISSES DE POULET AUX LÉGUMES

DOSES
3

PRÉPARATION
5 M

INGRÉDIENTS

- 3 grosses cuisses de poulet
- 300 g mélange de légumes pour pour du goût
- 1 verre de purée de tomates
- ½ verre de vin blanc
- ½ cube de bouillon de légumes
- sel et huile au goût

PRÉPARATION

- Versez l'huile d'olive et les légumes dans la marmite, fermez-la et laissez cuire 5 minutes à feu doux.
- Ajoutez la purée de tomates, le cube de bouillon de légumes et le vin.
- Remettre en pression et cuire pendant 5 minutes supplémentaires à partir du sifflet, puis ajouter les morceaux de poulet et cuire pendant 25 minutes à partir du sifflet.
- Si, à la fin du temps de cuisson, la sauce est trop liquide, poursuivez la cuisson à feu vif avec le couvercle ouvert.

CUISSE DE DINDE AROMATISÉE

DOSES
6

PRÉPARATION
5 M

INGRÉDIENTS

- 1,5 kg des cuisses de dinde
- épices au goût
- 1 gousse d'ail
- 2 verres d'eau
- sel, poivre et huile au goût

PRÉPARATION

- Après avoir bien lavé la dinde, placez-la dans l'autocuiseur, ajoutez la marjolaine, les graines de coriandre, la sauge et l'ail ; salez et poivrez selon votre goût.
- Versez deux verres d'eau dans la marmite et remuez bien avant de fermer le couvercle.
- Faites cuire à feu vif jusqu'à ce que la vapeur s'échappe, puis baissez le feu et laissez cuire pendant 30 minutes supplémentaires.
- Une fois le temps de cuisson terminé, laissez toute la vapeur s'échapper avant d'ouvrir le couvercle. Vous pouvez accompagner la dinde dans l'assiette en la garnissant de légumes bouillis ou grillés.

RAGOÛT DE DINDE

DOSES
4

PRÉPARATION
5 M

INGRÉDIENTS

- 600 g de dinde
- 400 g des petits pois surgelés
- 4 pommes moyennes
- 2 carottes
- 1 oignon
- 1 verre d'eau
- sel, poivre et huile au goût

PRÉPARATION

- Après avoir épluché et coupé en tranches l'oignon et les carottes, versez-les dans l'autocuiseur. Ajoutez les pommes de terre, épluchées et coupées en morceaux moyens, les petits pois encore congelés et enfin le ragoût de dinde. Enfin, ajoutez du sel et un verre d'eau.
- Une fois l'autocuiseur fermé, faites cuire pendant 20 minutes à partir du moment où le sifflet retentit.
- Une fois cuit, ouvrez la poêle et assaisonnez avec un filet d'huile d'olive extra vierge et du poivre.
- Laissez la préparation reposer un peu pour que l'amidon des pommes de terre forme une crème savoureuse.

RÔTI DE DINDE

DOSES
6

PRÉPARATION
5 M

INGRÉDIENTS

- 1 kg de dinde rôti
- 100 g de bacon
- légumes selon le goût
- ½ verre de vin blanc
- 200 ml de bouillon de boeuf
- sel, huile
- beurre et épices selon le goût

PRÉPARATION

- Enveloppez et liez le rôti de dinde avec du bacon. Ajoutez une feuille de laurier et une branche de romarin.

- Dans l'autocuiseur, faites fondre l'huile avec le beurre et faites dorer le rôti 2.

- Tournez le rôti de tous les côtés et laissez-le cuire pendant quelques minutes, puis retirez-le de la marmite et ajoutez le céleri, l'oignon, l'ail et la carotte et laissez-les se flétrir. Remettez la dinde dans la cocotte, déglacez avec le vin blanc, versez le bouillon de viande et fermez la cocotte.

- A partir du moment où le sifflet retentit, faites cuire pendant vingt minutes. Après avoir laissé s'échapper la valve, retirez la ficelle et coupez en tranches épaisses. Vous pouvez utiliser le jus de cuisson, après l'avoir fouetté, comme une sauce pour assaisonner le rôti.

DINDE AVEC SAUCE AU THON

DOSES
4

PRÉPARATION
5 M

INGRÉDIENTS

- 600 g de dinde rôti
- légumes selon le goût
- 2 boîtes de thon naturel
- capres
- filets d'anchois
- huile

PRÉPARATION

- Placez la viande dans l'autocuiseur avec les légumes. Couvrez la viande d'eau jusqu'à la moitié de la casserole.
- Après le coup de sifflet, baissez le feu et laissez cuire pendant 30 minutes. Laissez la dinde refroidir dans son bouillon.
- Pour la sauce au thon, mixez le thon, les câpres, les filets d'anchois et l'huile jusqu'à obtenir une texture lisse.
- Servez la dinde couverte de sauce au thon, en ajoutant des câpres entières pour la décoration.

DINDON IVRE

DOSES
6

PRÉPARATION
5 M

INGRÉDIENTS

- 800 g de poitrine de dinde
- 1 litre de bière
- 1 oignon
- 1 poireau
- beurre et sauge au goût
- sel et poivre au goût

PRÉPARATION

- Faites chauffer le beurre dans la poêle avec l'huile, ajoutez la viande et faites-la dorer de tous les côtés.
- Ajoutez du sel et du poivre à votre goût pour ajuster la saveur.
- Ajoutez la bière, l'oignon finement haché, le poireau finement émincé et la sauge finement hachée.
- Fermez l'autocuiseur et laissez cuire pendant 30 minutes à partir du sifflement. Laissez toute la vapeur s'échapper avant d'ouvrir le couvercle.

MORUE À LA TOMATE

DOSES
6

PRÉPARATION
5 M

INGRÉDIENTS

- 800 g des filets de morue surgelés
- 300 g de pulpe de tomate
- 3 cuillères d'huile evo
- sel au goût

PRÉPARATION

- Faites chauffer l'huile evo dans une poêle et ajoutez l'oignon finement émincé
- Dès qu'elle est bien dorée, versez-la dans l'autocuiseur et ajoutez les tranches de cabillaud, la pulpe de tomate et le sel.
- Ajoutez de l'eau dans la marmite, puis fermez-la avec le couvercle.
- Dès que la casserole siffle, baissez le feu au minimum et laissez cuire pendant 15 minutes (10 minutes si la morue a été décongelée avant la cuisson).

MORUE AU CITRON

DOSES
8

PRÉPARATION
5 M

INGRÉDIENTS

- 1 kg de morue
- le jus d'un citron
- 1 brin de persil
- 250 ml d'eau
- sel au goût

PRÉPARATION

- Placez la morue décongelée dans l'autocuiseur, ajoutez de l'eau et fermez le couvercle. Laissez cuire pendant 10 minutes à partir du sifflet.
- Une fois cuit, nettoyez bien le poisson de sa peau et de ses arêtes et transférez-le dans un bol.
- Ajouter l'huile, le jus de citron, le persil finement haché, le sel et la gousse d'ail.
- Mélangez bien tous les ingrédients pour assaisonner le poisson et servez avec beaucoup de sauce et quelques feuilles de persil.

MORUE AVEC DES POMMES DE TERRE

DOSES
8

PRÉPARATION
5 M

INGRÉDIENTS

- 800 g de morue fraiche
- ½ verre de vin blanc
- 200 ml de sauce de tomate
- 1 cuillère de concentré de tomates
- 1 brin de persil
- 4 pommes de terre
- sel, poivre et huile au goût

PRÉPARATION

- Coupez les pommes de terre en morceaux et faites-les cuire 7 minutes dans une cocotte-minute avec un verre d'eau.
- Dans la poêle nettoyée, faites chauffer l'huile avec l'ail. Lorsqu'elle est dorée, retirez-la et ajoutez la morue et un demi-verre d'eau.
- Ajoutez également le vin, le sel, le poivre, la sauce tomate et le concentré de tomate, puis fermez la marmite et laissez cuire pendant 5 minutes à partir du sifflet.
- Lorsque le poisson est cuit, ouvrez la poêle et ajoutez les pommes de terre et le persil haché, et laissez-la sur le feu pendant quelques minutes supplémentaires. Servir avec un filet d'huile brute evo.

MORUE AUX POIREAUX ET AU LIME

DOSES
4

PRÉPARATION
5 M

INGRÉDIENTS

- 600 g des filets de morue
- 600 g des poireaux
- 2 lime
- zeste d'un demi-citron
- sel, poivre et huile au goût

PRÉPARATION

- Faites sauter les poireaux émincés dans la casserole ouverte pendant environ 1 minute avec l'huile, le jus des deux citrons verts, le sel et le poivre.

- Ajoutez le verre d'eau et faites cuire avec la marmite fermée pendant 2 minutes. Ouvrez la casserole et placez les filets de cabillaud nettoyés et désossés sur les poireaux.

- Fermez la cuisinière et laissez cuire pendant un peu moins d'une minute à partir du sifflement.

- Retirez les poireaux et la morue de la poêle et faites cuire le liquide à feu vif pendant quelques secondes. Servir avec le liquide de cuisson réduit et le zeste de citron râpé.

MORUE CUITE AU FOUR

DOSES
2

PRÉPARATION
5 M

INGRÉDIENTS

- 160 g de cabillaud (2 tranches)
- 160 g nouvelles pommes de terre
- 10 tomates cerises
- 10 olives noires
- 2 brins de romarin
- 1 verre d'eau
- sel et huile au goût

PRÉPARATION

- Coupez en fines tranches les pommes de terre lavées et épluchées et répartissez-les entre deux carrés de papier sulfurisé environ deux fois plus larges que vos filets de cabillaud ; salez selon votre goût.
- Déposez la morue bien nettoyée et désossée sur les pommes de terre.
- Ajoutez les tomates cerises coupées en deux, les olives, la branche de romarin et assaisonnez d'huile et de sel.
- Repliez les feuilles pour créer un paquet que vous pourrez fermer avec une ficelle. Remettez les paquets sur le gril, placez-les dans l'autocuiseur avec un verre d'eau, fermez et faites cuire pendant quatre minutes à partir du sifflement.
- Servez chaque feuille ouverte sur un plat de service.

DAURADE À L'ORANGE

DOSES
1

PRÉPARATION
15 M

INGRÉDIENTS

- 2 brèmes
- 300 g des tomates cerises
- 60 ml de vin blanc
- 2 oranges
- 200 ml d'eau
- échalots, ail, basil et romarin au goût
- sel, poivre et huile au goût

PRÉPARATION

- Hachez l'échalote et faites-la revenir avec l'huile dans la casserole pendant quelques minutes. Ajoutez les tomates cerises, le basilic et une pincée de sel et de poivre.
- Laissez-le cuire pendant environ une minute, puis ajoutez le zeste râpé d'une orange. Retirez les ingrédients de la casserole.
- Mélangez les brins de romarin et la gousse d'ail, ajoutez une pincée de sel et de poivre et panez le poisson avec ce mélange.
- Placez les filets de poisson dans l'autocuiseur, versez le vin et le jus des deux oranges, faites cuire avec le couvercle ouvert pendant 3 minutes, puis ajoutez l'eau et laissez cuire pendant 6 minutes à partir du sifflement. Servir chaque filet avec une tranche d'orange.

DAURADE AIGRE-PIQUANT

DOSES
6

PRÉPARATION
10 M

INGRÉDIENTS

- 800 g de daurade en tranches
- 3 citrons
- 1 oignon rouge de Tropea
- 100 ml de vin blanc
- thym et basilic frais, selon le goût
- sel, piment, huile et ail au goût

PRÉPARATION

- Dans un autocuiseur ouvert, faites revenir l'ail et l'oignon dans deux cuillères à soupe d'huile. Ajoutez le thym dans la sauteuse.
- Ajoutez les steaks de poisson et le vin blanc et faites cuire à feu vif. Lorsque la moitié du vin s'est évaporée, versez le jus des 3 citrons et le piment.
- Fermez la cuisinière et laissez cuire pendant cinq minutes à partir du sifflement.
- Servez avec les feuilles de basilic et la sauce de cuisson (si elle est trop liquide, laissez-la cuire quelques minutes de plus et laissez-la réduire légèrement).

DAURADE AUX CAROTTES

DOSES
2

PRÉPARATION
5 M

INGRÉDIENTS

- 200 g de daurade
- 150 g des carottes
- 1 petit verre d'eau
- 1 piment entier
- menthe et ail au goût
- sel et huile au goût

PRÉPARATION

- Épluchez bien les carottes et coupez-les en rondelles de 4 mm d'épaisseur maximum.
- Versez les carottes, l'huile, le piment, la gousse d'ail épluchée et la menthe dans l'autocuiseur.
- Ajoutez l'eau et mélangez bien les ingrédients, puis déposez la daurade sur le dessus.
- Fermez la marmite avec le couvercle et faites cuire pendant 15 minutes à partir du sifflement. Servir avec le jus de cuisson et des toasts parfumés au thym.

DAURADE AVEC ARTICHAUTS ET POMMES DE TERRE

DOSES
4

PRÉPARATION
10 M

INGRÉDIENTS

- 1 kg de daurade entière éviscérée
- 2 grosses pommes de terre
- 3 artichauts
- 2 échalotes
- 100 ml de vin blanc
- 3 cuillères d'eau
- sel, poivre, persil et huile à volonté

PRÉPARATION

- Hachez très finement l'échalote et le persil et insérez-les dans la daurade. Salez et poivrez le poisson à l'extérieur.
- Coupez les artichauts en fines tranches et les pommes de terre en allumettes.
- Faites chauffer l'huile dans l'autocuiseur ouvert, ajoutez la daurade et arrosez-la avec le vin. Lorsque le vin s'est évaporé, ajoutez les artichauts et les pommes de terre.
- Assaisonnez avec du sel et du poivre selon votre goût. Versez l'eau et faites cuire avec le couvercle fermé pendant 15 minutes à partir du sifflement.
- Servez la daurade en filets en la disposant sur l'assiette avec les légumes.

DAURADE DANS UNE SAUCE AU PERSIL ET AU PIMENT

DOSES
2

PRÉPARATION
5 M

INGRÉDIENTS

- 500 g de daurade entière (2 daurade)
- 1 piment entier
- 1 cuillère de jus de citron
- 1 gousse d'ail
- 1 tasse d'eau
- sel, huile et persil au goût

PRÉPARATION

- Lavez la daurade, salez-la et graissez-la avec de l'huile d'olive. Placez-la ensuite dans l'autocuiseur, ajoutez l'eau et faites cuire avec le couvercle fermé pendant 10 minutes.

- Préparez la sauce : dans un bol, mélangez l'huile, l'eau, le jus de citron et un peu de sel avec la gousse d'ail épluchée, le piment coupé en deux et les feuilles de persil.

- Faites mijoter le mélange au bain-marie pendant 15 minutes, et passez-le au tamis à la fin. Ajoutez une partie de la sauce dans la poêle avec la daurade et laissez cuire pendant une minute.

- Servez en accompagnant la daurade avec la sauce au persil et au piment.

SEICHES À L'ÉTOUFFÉE AVEC DES PETITS POIS

DOSES
6

PRÉPARATION
5 M

INGRÉDIENTS

- 800 g des seiches propres
- 1 boîte de tomates pelées
- 500 g des petits pois blanchis
- 1 cube de légumes
- au goût de l'huile, de l'ail, du sel
- poivre et persil

PRÉPARATION

- Mettez la casserole sur la cuisinière avec 2 cuillères à soupe d'huile, le persil et la gousse d'ail. Ajoutez les tomates pelées, en remuant bien.
- Ajoutez un demi-verre d'eau si nécessaire pour permettre une bonne cuisson.
- A partir du point de sifflement de la marmite, attendez 20 minutes de cuisson à feu doux ; lorsque la marmite est ouverte, ajoutez les petits pois avec le sel et le poivre et remuez pendant quelques minutes.
- Servir sur 4 tranches de pain maison grillées et frottées à l'ail.

TRUITE SAUMONÉE AU FOUR

DOSES
2

PRÉPARATION
10 M

INGRÉDIENTS

- 2 filets de truite saumonée
- 2 pommes de terre
- romarin, sauge et citron au goût
- sel, poivre et huile au goût

PRÉPARATION

- Épluchez les pommes de terre et coupez-les en fines rondelles. Prenez le papier sulfurisé et transférez-y les pommes de terre. Assaisonnez-les avec un peu d'huile et de sel.
- Placez la truite saumonée dans le papier d'aluminium avec les herbes et quelques tranches de citron.
- Equipez l'autocuiseur du panier et placez-y le poisson fraîchement emballé, scellé dans du papier sulfurisé. Au fond de la cocotte, ajoutez de l'eau (deux verres) et un verre de jus de citron.
- Faites d'abord cuire avec la flamme au maximum, attendez que la cuisinière soit sous pression, baissez la flamme. A partir de là, calculez 15 minutes de cuisson.

BRUSCHETTA AU POULPE ET AUX HERBES

DOSES
4

PRÉPARATION
10 M

INGRÉDIENTS

- 600 g de poulpe (entier)
- 80 g des olives dénoyautées
- 150 g de pulpe de tomate fraiche
- 1 gousse d'ail
- 1 verre d'eau
- 1 piment sans graines
- sel, huile et romarin à goût

PRÉPARATION

- Nettoyez le poulpe de ses parties non comestibles, mettez un peu d'huile dans l'autocuiseur et ajoutez le poulpe entier, fraîchement nettoyé, dans la marmite encore froide.
- Pendant que le feu est encore éteint, ajoutez la pulpe de tomate, un verre d'eau, une pincée de sel, les olives dénoyautées et le romarin.
- Fermez la cuisinière et calculez 15 minutes de temps de cuisson à partir du sifflet.
- Coupez en fines tranches du pain fait maison et assaisonnez-le en le frottant avec les gousses d'ail préalablement nettoyées. Servez le poulpe accompagné des tranches de pain assaisonnées.

SALADE DE POULPE

DOSES
4

PRÉPARATION
5 M

INGRÉDIENTS

- 800 g de poulpe
- 1 carotte
- 1 oignon
- 1 branche de céleri
- 2 tomates
- 1,5 litre d'eau
- câpres, olives et origan selon le goût
- sel, poivre et huile au goût

PRÉPARATION

- Dans l'autocuiseur, placez le poulpe entier, la carotte, le céleri et l'oignon avec un litre et demi d'eau.
- Fermez la cocotte, portez à température à feu vif, puis baissez le feu et laissez cuire pendant 30 minutes à partir du sifflet.
- Hacher grossièrement deux tomates, les olives, les câpres et ajouter les feuilles d'origan. Assaisonnez avec du sel, du poivre et beaucoup d'huile d'olive extra vierge.
- Coupez le poulpe chaud et ajoutez-le à la salade, en le remuant pour lui donner un bon goût. Laissez la salade refroidir avant de la servir.

POULPE AVEC DES POMMES DE TERRE ÉPICÉES

DOSES
4

PRÉPARATION
10 M

INGRÉDIENTS

- 800 g de poulpe
- 500 g des pommes de terre
- 3 feuilles de laurier
- persil au goût
- sel, poivre et huile au goût

PRÉPARATION

- Nettoyez le poulpe de ses parties non comestibles, placez-le dans l'autocuiseur avec beaucoup d'eau, des feuilles de laurier, du sel et du poivre.

- Fermez la cocotte, portez à température à feu vif, puis baissez le feu et laissez cuire pendant 30 minutes à partir du sifflet.

- Épluchez et coupez les pommes de terre (elles doivent être cuites séparément afin qu'elles ne prennent pas une couleur foncée à cause de l'eau du poulpe).

- Lorsque les deux ingrédients sont cuits et que le poulpe a atteint la température ambiante, coupez le poulpe en morceaux et ajoutez-le aux pommes de terre. Assaisonnez avec le persil, l'huile, le sel et le poivre selon votre goût.

CALMARS À L'ÉTOUFFÉE

DOSES
4

PRÉPARATION
10 M

INGRÉDIENTS

- 800 g des calmars
- 500 g des pommes de terre
- 400 ml de purée de tomates
- ½ verre d'eau
- ½ de vin
- piment et persil au goût
- sel et huile au goût

PRÉPARATION

- Nettoyez bien les calmars en les vidant et en les rinçant à l'eau courante. Retirez la peau et séparez le corps des tentacules. Coupez les tentacules en deux et le corps en tranches d'épaisseur moyenne.

- Faites revenir la gousse d'ail dans l'huile dans l'autocuiseur ouvert. Lorsque l'ail est doré, ajoutez les calamars et le piment et laissez cuire à feu doux pendant environ 30 secondes.

- Ajoutez le vin et laissez-le s'évaporer en augmentant la flamme. Versez la purée de tomates, les pommes de terre, l'eau et une pincée de sel.

- Laissez cuire pendant 12 minutes à partir du point de sifflement. Servir en ajoutant du persil haché.

CALMARS FARCIS

DOSES
4

PRÉPARATION
10 M

INGRÉDIENTS

- 1 kg des calmars
- 50 g de chapelure
- 50 g de fromage rapé
- ½ verre de vin blanc
- 1 petit oignon
- menthe et persil au goût
- sel, poivre et huile au goût

PRÉPARATION

- Nettoyez bien les calmars en les éviscérant et en enlevant la peau ; séparez le corps des tentacules. Hacher les tentacules et ajouter l'ail et le persil hachés, le fromage et la chapelure.
- Ajoutez une pincée de sel et de poivre et beaucoup d'huile. Remplissez ensuite le corps du calmar avec le mélange et fermez-le avec un cure-dent.
- Hachez l'oignon et faites-le revenir avec un peu d'huile dans l'autocuiseur ouvert. Ajoutez les calmars et faites-les cuire pendant 4 minutes avec le couvercle ouvert, en les retournant de temps en temps.
- Ajoutez la menthe et déglacez avec le vin. Versez l'eau et fermez le couvercle, puis laissez cuire pendant 20 minutes à partir du sifflet.

CALAMARS AUX ARTICHAUTS

DOSES
4

PRÉPARATION
10 M

INGRÉDIENTS

- 1 kg des calmars
- 350 g de purée de tomate
- 5 artichauts
- ½ verre de vin blanc
- persil et anchois au goût
- 1 gousse d'ail
- sel et huile au goût

PRÉPARATION

- Nettoyez bien les calmars et coupez-les en morceaux. Coupez les anchois en filets et hachez-les finement avec l'ail, puis faites revenir le mélange dans la poêle ouverte avec un peu d'huile.
- Déglacez avec le vin blanc et ajoutez la purée de tomates, l'eau et les morceaux de calamars, puis fermez la casserole et laissez cuire pendant 10 minutes à feu doux.
- Coupez les artichauts en quartiers et ajoutez-les dans l'autocuiseur. Laissez cuire encore 5 minutes à partir du sifflet.
- Servez les calamars avec les artichauts en ajoutant du persil haché à la surface.

BÉBÉS POULPES AROMATISÉE

DOSES
4

PRÉPARATION
10 M

INGRÉDIENTS

- 1 kg des bébés poulpes
- 200 g de pulpe de tomate
- 3 cuilleres des olives dénoyautées
- 1 gousse d'ail
- piment et romarin au goût
- ½ verre d'eau
- sel et huile au goût

PRÉPARATION

- Lavez et séchez soigneusement les bébés poulpes. Dans l'autocuiseur, mettez 3 cuillères à soupe d'huile, l'ail épluché, un demi-verre d'eau, la tomate et les olives.
- Séchez les bébés poulpes sur une feuille d'essuie-tout. Pendant ce temps, mettez l'ail écrasé, 2 cuillères à soupe d'huile d'olive extra vierge, l'eau, les olives et le romarin dans l'autocuiseur.
- Assaisonnez avec du sel et ajoutez les bébés poulpes. Laissez cuire à feu modéré pendant 15 minutes à partir du sifflet.
- Servir avec des croûtons assaisonnés d'huile d'evo crue.

SOUPE AUX MOULES

DOSES
4

PRÉPARATION
15 M

INGRÉDIENTS

- 1 kg des moules
- 1 céleri
- 1 oignon
- 50 g de beurre
- 1 cuillère de farine
- vinaigre blanc et poivre au goût

PRÉPARATION

- Hachez l'oignon, le céleri et le persil et faites-les revenir pendant quelques minutes dans le beurre au fond de l'autocuiseur.
- Ajoutez le poivre, le vinaigre et les moules bien nettoyées, puis laissez cuire avec le couvercle fermé pendant une minute à partir du sifflement.
- Retirez les moules à l'aide d'une écumoire et filtrez le jus de cuisson dans une casserole.
- Mélanger le reste du beurre avec la farine et l'ajouter à la sauce. Laissez-le réduire en le faisant cuire à feu vif. Servez les moules avec la sauce et un peu de persil.

LAPIN AVEC DES POMMES DE TERRE

DOSES
6

PRÉPARATION
40 M

INGRÉDIENTS

- 1 kg de ragoût de lapin
- 100 g de lard
- 1 verre de vin blanc sec
- 1 dl de bouillon
- 30 g de beurre
- 1 oignon
- persil
- thym
- farine
- huile d'olive
- sel et poivre au goût

Pour l'accompagnement:

- 500 g de pommes de terre

PRÉPARATION

- Commencez par faire fondre le beurre avec deux cuillères à soupe d'huile d'olive extra vierge, ajoutez le lard et l'oignon finement hachés, faites-les bien revenir, puis ajoutez le ragoût et faites-le frire pendant 5 minutes à feu moyen.
- Saupoudrez la viande de farine, puis versez la moitié du bouillon et laissez-le s'évaporer complètement.
- Gardez le reste du bouillon de côté dans un récipient, ajoutez le thym et le persil, le sel et le poivre. Fermez le couvercle et dès que vous entendez le sifflement, réduisez le feu à faible intensité, puis laissez cuire pendant 20 minutes.
- Pendant ce temps, épluchez et coupez les pommes de terre en dés. Lorsque le lapin est bien cuit, retirez le couvercle et ajoutez les pommes de terre en dés, puis refermez et comptez encore 5 minutes de cuisson à feu moyen.
- Lorsqu'il est cuit, répartissez le lapin dans des assiettes de service et servez-le avec l'accompagnement de pommes de terre.

TRIPES AVEC SAUCE DE TOMATE

DOSES
4

PRÉPARATION
30 M

INGRÉDIENTS

- 4 pommes de terre jaunes
- 1 oignon entier
- 3 branches de céleri
- 2 grosses carottes
- 450 g de tripes
- 300 ml de purée de tomate
- 2 verres de vin blanc
- 2 verres d'eau
- sel et huile au goût

PRÉPARATION

- Commencez par tremper les tripes dans l'eau froide, puis coupez-les en morceaux irréguliers. Coupez le céleri, les carottes et l'oignon et faites-les revenir dans la marmite. Dès que l'oignon est flétri et légèrement bruni, ajoutez les tripes.

- Versez ensuite un verre de vin blanc, salez et poivrez, puis ajoutez la purée de tomates et deux verres d'eau. Fermez l'autocuiseur et faites-le cuire à feu vif jusqu'à ce qu'il siffle, puis baissez le feu à faible intensité et laissez-le cuire pendant 20 minutes.

- Une fois le temps nécessaire écoulé, éteignez le feu et soulevez la valve pour libérer toute la vapeur qui s'est accumulée à l'intérieur. Pendant ce temps, occupez-vous des pommes de terre : lavez-les, épluchez-les et coupez-les en cubes assez gros, puis ajoutez-les à la sauce aux tripes avec un deuxième verre de vin et laissez cuire pendant 20 minutes.

- Éteindre le feu, laisser à nouveau s'évaporer complètement et servir les tripes encore très chaudes, accompagnées de croûtons de pain grillé chauds.

BOULETTES DE VIANDE AVEC SAUCE

DOSES
4

PRÉPARATION
30 M

INGRÉDIENTS

- 300 g de blanc de poulet
- 2 tranches de pain rassis
- 1 œuf
- 2 cuilleres de parmesan
- 1 gousse d'ail
- quelques feuilles de basilic
- persil, sel et poivre au goût

Pour la sauce:

- 1 échalote
- 1 carotte
- 1 branche de céleri
- 1 gousse d'ail
- 200 g de purée de tomate
- persil
- basilic

PRÉPARATION

- Pour préparer des boulettes de viande avec sauce cuites dans un autocuiseur, vous devez faire hacher la viande de poulet par un boucher ou l'acheter déjà hachée.
- Si vous êtes équipé, vous pouvez aussi le faire vous-même, il suffit de couper les blancs de poulet en morceaux et de les mettre dans le robot ménager pour les déchiqueter. Faites également tremper les tranches de pain dans un peu d'eau.
- Dans un bol, mettez la viande hachée, l'œuf, la gousse d'ail hachée, le fromage râpé, le persil haché, le basilic, le sel et le poivre. Essorez le pain maintenant ramolli et ajoutez-le aux ingrédients.
- Mélangez bien tous les ingrédients et laissez reposer juste le temps de préparer la sauce.
- Puis émincer l'échalote, la gousse d'ail, la carotte et le céleri. Faites-les frire pendant quelques minutes dans l'autocuiseur avec un peu d'huile d'olive extra vierge. Ajoutez ensuite la purée de tomates, un peu de basilic et de persil.
- Faites maintenant les boulettes de viande et si le mélange est trop mou, ajoutez quelques cuillères à soupe de chapelure. Prenez une cuillerée du mélange et faites-la tourner dans vos mains humides, puis placez-les dans le moule.
- Fermez ensuite le couvercle et laissez cuire pendant environ 15 minutes à partir du moment où la marmite commence à siffler. Après ce temps, éteignez le feu, laissez refroidir et lorsque le sifflement cesse, ouvrez le couvercle et servez les boulettes de viande avec la sauce bien chaude. Avec la même sauce, vous pouvez assaisonner une belle assiette de pâtes.

STRACOTTO

DOSES
4

PRÉPARATION
90 M

INGRÉDIENTS

- 800 g de bœuf entier (rumsteck)
- 4 carottes
- 2 oignons
- 2 verres de 10 cl de vin rouge
- 2 verres d'eau
- 1 branche de sauge fraîche
- 1 branche de romarin frais
- 4 cuillères d'huile d'olive extra vierge
- sel et poivre

PRÉPARATION

- Commencez par les herbes aromatiques, puis ficelez-les ensemble, fermez-les avec de la ficelle de cuisine et mettez-les de côté.

- Occupez-vous ensuite des légumes : épluchez et pelez les carottes et coupez-les en dés, puis épluchez et émincez finement les oignons.

- Ensuite, frottez la viande avec du sel et du poivre pour l'assaisonner, puis faites chauffer l'huile dans l'autocuiseur et faites dorer la viande de tous les côtés pendant une minute.

- Ajoutez maintenant les carottes, les oignons, l'eau, le vin rouge et le bouquet d'herbes, puis fermez la marmite avec le couvercle.

- Après le coup de sifflet, faites cuire pendant 50 minutes, laissez la vapeur s'échapper et ouvrez la marmite. Dans un dernier temps, retirez la viande et laissez la sauce épaissir pendant 10 minutes supplémentaires.

- Servez le ragoût bien chaud accompagné de son savoureux jus de cuisson.

BRAISÉ AU VIN ROUGE

DOSES
4

PRÉPARATION
40 M

INGRÉDIENTS

- 800 g de veau, pas trop maigre
- 1 verre de vin rouge
- 1/2 carotte
- 1/2 oignon
- céleri
- sel et huile d'olive extra-vierge

Pour le bouillon de légumes:

- 2 branches de céleri avec les feuilles
- 1 carotte
- 1/2 oignon
- quelques tomates cerises
- sel

PRÉPARATION

Commencez par masser la viande avec du sel et du poivre. Coupez ensuite grossièrement le céleri, la carotte et l'oignon, puis mettez-les dans l'autocuiseur avec l'huile d'olive extra vierge et la viande ; pendant ce temps, préparez le bouillon de légumes en faisant bouillir le céleri, la carotte, l'oignon et quelques tomates cerises dans une casserole avec de l'eau froide et du sel. Faites revenir la viande jusqu'à ce qu'elle ait une belle croûte (si vous le souhaitez, vous pouvez faire revenir la viande d'abord et n'ajouter qu'ensuite la carotte, le céleri et l'oignon, afin de ne pas avoir à retourner les légumes pour qu'ils ne collent pas). Mouiller avec du bon vin rouge et poursuivre la cuisson en laissant le vin s'évaporer. Versez le bouillon, ajoutez la branche de romarin et fermez avec le couvercle à valve hermétique. Laissez cuire pendant 40 minutes à partir du sifflet, en baissant le feu à faible intensité. Une fois la cuisson terminée, ouvrez la valve pour laisser la vapeur s'échapper, puis retirez le couvercle. Retirez la branche de romarin et placez la viande sur une planche à découper pour qu'elle refroidisse. Lorsqu'elle est complètement froide, coupez-la en tranches. À l'aide d'un mixeur plongeant, mixez bien le liquide de cuisson avec les légumes, en ajustant le sel si nécessaire. S'il y a trop de liquide, vous pouvez toujours le réduire sur le gaz jusqu'à la consistance désirée. Si, en revanche, la sauce est trop fine, vous devez la diluer avec de l'eau ou un autre bouillon de légumes. Ajouter un peu de farine 00 tamisée pour rendre le jus de cuisson plus crémeux. Mélangez bien et incorporez le tout, alors et là, la sauce d'accompagnement est prête. Vous pouvez maintenant le passer au tamis pour le rendre plus homogène, ou le servir dans une version plus rustique. La sauce aura absorbé le goût du vin, des légumes et de la viande et sera vraiment délicieuse.

RÔTI DE VEAU

DOSES
4

PRÉPARATION
60 M

INGRÉDIENTS

- 1 kg de croupe de veau
- huile d'olive extra vierge
- 15 g de beurre
- 2 gousses d'ail
- 1/2 verre vin blanc sec
- 1 cuillère à café de sel fin selon le goût
- poivre
- 1 brin de romarin
- 5 feuilles de sauge

PRÉPARATION

- Pour préparer le rôti dans un autocuiseur, évaluez d'abord si votre autocuiseur est suffisamment grand pour accueillir le morceau de rôti : si ce n'est pas le cas, vous pouvez le diviser en deux morceaux.
- Salez-la généreusement et poivrez-la ; si vous le souhaitez, vous pouvez aussi l'attacher avec de la ficelle de cuisine ou la mettre dans des filets. Versez un peu d'huile d'olive extra vierge dans le fond de la poêle et placez-y les gousses d'ail épluchées et la moitié de la sauge et du romarin. Placez le rôti en veillant à ce qu'il touche tout le fond de la poêle. Versez suffisamment d'eau pour atteindre la moitié de la viande et placez quelques tranches très fines de beurre et le reste du romarin et de la sauge sur le dessus du rumsteck. En fondant, le beurre rendra la viande plus tendre et plus savoureuse. Fermez hermétiquement l'autocuiseur et mettez-le sur le feu ; dès qu'il commence à siffler, calculez 30 minutes par kilo de viande. Un rôti plus important, par exemple de 1,5 kg, prendra donc 45 minutes. Une fois le temps de cuisson écoulé, ouvrez la valve pour laisser la vapeur s'échapper et, lorsqu'elle s'est complètement échappée, ouvrez l'autocuiseur. Le rôti aura encore l'air assez cuit et la sauce sera très liquide. À l'aide d'une cuillère, retournez-la et piquez-la pour vérifier qu'elle est bien cuite. Remontez la flamme et faites frire à feu vif pendant quelques minutes, puis déglacez avec du vin blanc et faites cuire pendant 6-7 minutes supplémentaires, afin que la sauce épaississe et que la viande prenne de la couleur.
- Retirez ensuite le rôti de rumsteck de la casserole et passez la sauce au chinois. Laissez le rôti refroidir avant de le découper pour qu'il ne s'effrite pas.

RAGOÛT DE POMMES DE TERRE

DOSES
4

PRÉPARATION
60 M

INGRÉDIENTS

- 600 g de viande de bœuf (ragoût)
- 500 g des pommes de terre
- 1 oignon
- 1 carotte
- un demi-verre de vin blanc sec
- huile d'olive extra vierge
- farine
- 1 brin de romarin
- sel et poivre

PRÉPARATION

- Pour préparer le ragoût avec des pommes de terre dans un autocuiseur, commencez par couper la viande en morceaux de la taille d'une bouchée et roulez-les dans la farine, en enlevant l'excès de farine.
- Versez ensuite deux cuillères à soupe d'huile d'olive extra-vierge dans l'autocuiseur, hachez la carotte et l'oignon et faites dorer la viande en la retournant jusqu'à ce qu'elle soit joliment colorée de tous les côtés. Versez le vin blanc et laissez-le s'évaporer à feu vif.
- Saler et poivrer, puis recouvrir complètement la viande d'eau, ajouter le romarin préalablement haché et fermer l'autocuiseur avec son couvercle. À partir du moment où le sifflet retentit, baissez le feu et laissez cuire pendant 30 minutes.
- Pendant ce temps, épluchez les pommes de terre, lavez-les et coupez-les en morceaux pas trop gros. Au bout de 30 minutes, éteignez le feu et laissez la valve s'ouvrir, puis ouvrez la marmite et versez les pommes de terre. Assaisonnez avec du sel et du poivre, puis remuez bien et, si nécessaire, ajoutez un peu plus d'eau puis refermez la casserole, et laissez cuire encore 10-15 minutes à partir du moment où le sifflet retentit.
- En fin de cuisson, laissez la valve s'ouvrir et ouvrez l'autocuiseur : vérifiez que les pommes de terre sont cuites et que le ragoût est tendre lorsqu'on le perce à la fourchette. Si la viande n'est pas bien cuite, prolongez la cuisson de 5 à 10 minutes supplémentaires en retirant les pommes de terre afin qu'elles ne soient pas trop cuites et ne se désagrègent pas. Servez le ragoût avec les pommes de terre, chaud ou tiède.

GOULASCH HONGROIS

DOSES
4

PRÉPARATION
40 M

INGRÉDIENTS

- 800 g de bœuf (pour le ragoût)
- 50 g d'oignon doré
- 1 gousse d'ail
- 1 cuillère à café de paprika doux
- 1 cuillère à soupe de cumin en poudre
- 2 cuillères à soupe de concentré de tomate
- 1 cuillère à soupe de saindoux
- sel et farine 00
- 400 ml de bouillon de légumes

PRÉPARATION

- Prenez l'oignon et hachez-le finement, puis mettez-le dans la cocotte-minute et faites-le dorer avec une cuillère à soupe de saindoux.

- Pendant ce temps, mettez les morceaux de bœuf coupés en morceaux d'environ 6 cm de côté dans un sac de congélation pour viande, ajoutez 2 cuillères à soupe de farine 00, fermez le sac, puis secouez-le bien pour que les morceaux de bœuf soient bien farinés.

- Mettez la viande farinée dans l'autocuiseur et faites-la bien revenir pendant une minute à feu vif.

- Ajoutez maintenant une cuillère à café de paprika doux, si vous préférez aussi du paprika fort, une cuillère à soupe de cumin, une pincée de sel et une gousse d'ail épluchée. Remuez et mélangez bien tous les ingrédients, puis ajoutez le concentré de tomates et l'eau, remuez à nouveau avec une cuillère en bois et fermez l'autocuiseur.

- Montez la flamme au maximum et attendez le sifflement, puis laissez cuire à feu doux pendant 30 minutes.

- Éteignez le feu, laissez la vapeur s'échapper et ouvrez l'autocuiseur. Servez le goulasch chaud, accompagné de purée de pommes de terre.

FILET DE VEAU AIGRE

DOSES
4

PRÉPARATION
30 M

INGRÉDIENTS

- un filet de veau (environ 600 gr)
- une cuillère à soupe de vinaigre
- une bonne cuillère à café de sauce Worcestershire
- 3-4 cornichons marinés (environ 20 gr)
- un long piment vert mariné
- une cuillère à soupe de persil haché
- 3 cuillères à soupe d'huile
- sel

PRÉPARATION

Faites chauffer la poêle, ouverte, à feu vif, en ayant placé un morceau de papier blanc sur le fond. Lorsque le papier est devenu très jaune, retirez-le et placez le filet de veau dans la poêle sans ajouter de graisse. Laissez-la dorer à feu très vif de tous les côtés, en versant progressivement quelques cuillères à soupe d'eau au fond de la poêle, afin que la viande ne brûle pas et pour la retourner plus facilement. Cela ne prendra pas plus de deux minutes. Vaporisez maintenant la viande avec une demi-cuillère à soupe de vinaigre et la sauce Worcestershire, ajoutez du sel et une demi-tasse à café d'eau. Fermez la casserole et poursuivez la cuisson à feu vif jusqu'à ce qu'elle siffle. Maintenant, réduisez la flamme à faible intensité. Faites cuire pendant 15 minutes. Après ce temps, éteignez la flamme, laissez toute la vapeur s'échapper, puis ouvrez la casserole. Transférez le morceau de viande sur une assiette ou une planche à découper et laissez la sauce sécher à feu vif, pour qu'elle prenne une belle couleur brune, sans brûler. Faites-la fondre avec un peu d'eau, en remuant bien, et retirez-la du feu. Hacher ensemble les cornichons, le piment et le persil. Mettez dans une petite tasse, ajoutez la sauce de la viande, l'huile et l'autre demi-cuillère à soupe de vinaigre. Laissez refroidir la viande, coupez-la en fines tranches et placez-la sur un plat de service, en y étalant la sauce préparée séparément. Vous pouvez également ajouter quelques olives vertes, hachées ou tranchées, à la sauce. Le plat est prêt, parfait pour un dîner entre amis ou pour vos repas de famille. Il est également très pratique car, comme il doit être consommé froid, il peut être préparé plus tôt.

ROULEAUX DE LAIT

DOSES
2

PRÉPARATION
30 M

INGRÉDIENTS

- 1 feuille de laurier
- 2 tranches de bœuf (150 g par tranche)
- 50 g de fromage fontina (coupé en bâtonnets)
- 1 verre de lait (entier)
- 4 cuillères à soupe d'huile d'olive (extra vierge)
- 2 fines tranches de jambon cuit
- sel selon le goût
- 1 échalote (tranchée)

PRÉPARATION

- Disposez les tranches de viande sur une planche à découper, en les étalant bien. Garnissez chaque tranche de viande d'une tranche de jambon cuit, puis insérez les bâtonnets de fromage fontina.

- Roulez ensuite la viande pour former une roulade, que vous fermez ensuite comme un paquet à l'aide d'une ficelle de cuisine.

- Versez l'huile d'olive extra vierge dans l'autocuiseur avec l'échalote émincée et la feuille de laurier et laissez chauffer.

- Placez ensuite les paupiettes dans la poêle et faites-les dorer de tous les côtés. Lorsque le brunissement est terminé, mouillez avec du lait et assaisonnez de sel sans le verser sur la viande.

- Fermez la marmite et montez le feu. Lorsque la cuisinière siffle, baissez le feu et laissez cuire pendant 30 minutes.

- Lorsque la cuisson est terminée, éteignez le feu et laissez la valve à vapeur s'évacuer. Puis, lorsque la vapeur s'est complètement échappée, ouvrez la casserole et servez. Apportez-les à la table bien chauds et savourez-les !

VIANDE BOUILLIE TRADITIONNELLE

DOSES
4

PRÉPARATION
1 H

INGRÉDIENTS

- 700 g de muscle de bœuf
- 500 g de blanc de bœuf
- 1 branche de céleri
- 2 carottes
- 2 petits oignons
- 1 gousse d'ail
- 2 feuilles de laurier
- 4 clous de girofle
- 3 cuillères à café gros sel
- eau

PRÉPARATION

- Dans un autocuiseur, mettez de l'eau froide avec du sel et portez à ébullition.
- Pendant ce temps, préparez les légumes, lavez et épluchez les carottes, lavez le céleri et coupez-le en deux.
- Epluchez la gousse d'ail, lavez les feuilles de laurier et épluchez les oignons, puis enfoncez-y les gousses.
- Une fois que l'eau a atteint le point d'ébullition, ajoutez les légumes et la viande dans la marmite et vérifiez que l'eau ne dépasse pas le niveau indiqué à l'intérieur de la marmite (si c'est trop, retirez-la à l'aide d'une louche). Fermez le couvercle et montez le feu.
- Lorsqu'il commence à siffler, baissez le feu et laissez cuire pendant environ 45 minutes à feu doux.
- Une fois la cuisson terminée, éteignez le feu et laissez la vapeur s'échapper, en veillant à ne pas vous brûler.
- Une fois que toute la vapeur est sortie, vous pouvez ouvrir la marmite et disposer la viande et les légumes sur un plat de service.
- Servez la viande bouillie accompagnée d'une mayonnaise maison ou d'une moutarde de qualité.

OSSOBUCO AUX PETITS POIS

DOSES
2

PRÉPARATION
20 M

INGRÉDIENTS

- 2 jarrets de veau
- 150 g de petits pois
- 1 échalote
- 3 cuillères à soupe d'huile
- qb de vin blanc
- qb de sel
- un verre d'eau ou de bouillon

PRÉPARATION

- Mettez l'huile d'olive extra-vierge et les jarrets de veau bien farinés dans l'autocuiseur, en prenant soin d'enlever l'excès de farine. Faites dorer les ossobuchi des deux côtés pendant environ 2 minutes par côté.

- Ajoutez maintenant l'échalote hachée et faites-la légèrement revenir, versez du vin blanc et laissez-le s'évaporer. Ajoutez les petits pois, salez à votre goût et versez un verre d'eau ou de bouillon de viande.

- Fermez la cuisinière avec le couvercle, en réglant la flamme au maximum. Environ 2 minutes après le sifflement de la soupape, placez l'autocuiseur sur une plus petite cuisinière à feu doux et réglez un temps de cuisson de 20 minutes.

- Une fois le temps nécessaire écoulé, éteignez le gaz, attendez environ 1 minute et laissez la vapeur s'échapper progressivement de la vanne.

- N'ouvrez la casserole que lorsque la vapeur s'est complètement échappée, goûtez et ajustez le sel si nécessaire, puis servez.

RÔTI DE PORC AU LAIT

DOSES
4

PRÉPARATION
30 M

INGRÉDIENTS

- 750 g d'épaule de porc désossée
- 1 cube de bouillon de viande
- 50 g de beurre
- 900 ml de lait
- ail en poudre
- persil
- romarin
- sel

PRÉPARATION

- Salez bien la viande et faites-la revenir avec un peu de beurre dans l'autocuiseur.
- Ensuite, saupoudrez-le d'ail et de romarin. Une fois que toutes les parties de la viande sont bien dorées, ajoutez le lait, le cube de bouillon et fermez l'autocuiseur avec son couvercle.
- Au coup de sifflet, baissez le feu à faible intensité et laissez cuire pendant environ 40 minutes. Lorsque le temps est écoulé, libérez la vapeur de la valve et ouvrez délicatement la cuisinière.
- Retirez la viande, puis posez-la sur une planche à découper et coupez-la en fines tranches : servez-la sur la table recouverte de la sauce au lait à la vapeur.

LONGE DE PORC

DOSES
4

PRÉPARATION
50 M

INGRÉDIENTS

- 500 g de longe de porc
- 2 carottes
- 2 cotes de céleri
- qb vin blanc
- 1 oignon
- qb huile extra vierge
- qb sel

PRÉPARATION

- Lorsque vous choisissez la tranche d'échine de porc, essayez d'en obtenir une avec peu de graisse autour, sinon retirez-la avant la cuisson.
- Lavez le céleri et les carottes. Epluchez les carottes et coupez les légumes en dés.
- Préparez maintenant l'autocuiseur, puis ajoutez l'huile, les légumes coupés et l'oignon haché.
- La quantité d'oignon varie selon votre goût, cependant, essayez de bien équilibrer les quantités de légumes et d'oignon. Faire revenir les légumes à feu moyen et les assaisonner légèrement.
- Ajoutez maintenant la longe de porc, un filet de vin blanc et faites frire jusqu'à ce que la longe de porc devienne rose. Versez ensuite l'eau et couvrez au moins la moitié du steak.
- Salez à nouveau et fermez l'autocuiseur avec le couvercle. Attendez le coup de sifflet, puis baissez immédiatement le feu et laissez cuire pendant 40 minutes.
- Une fois le temps nécessaire écoulé, ouvrez la valve et laissez toute la vapeur s'échapper complètement, puis ouvrez l'autocuiseur, retirez les légumes et mixez-les à l'aide d'un blender. Ajoutez maintenant quelques cuillères à soupe d'eau de cuisson pour rendre la crème légèrement liquide.
- Coupez l'échine de porc en tranches, ajoutez la crème sur le dessus et faites-la cuire au four pendant 10 minutes à 180 degrés pour rendre la surface croustillante.
- Servez la longe de porc avec les légumes encore chauds. Il existe de nombreuses variantes pour accompagner la longe de porc, de la simple huile à la purée de pommes de terre, aux petits pois ou à une crème de légumes.

RAGOÛT DE DINDE

DOSES
4

PRÉPARATION
30 M

INGRÉDIENTS

- 700 g de rumsteck de dinde en un seul morceau
- 1 petite carotte
- 1/2 branche de céleri
- 1 échalote
- 1 petit verre de Martini sec
- 4 grosses pommes de terre
- huile d'olive extra vierge
- poivre et sel
- thym et laurier

PRÉPARATION

- Nettoyez la carotte et hachez-la finement ; utilisez un économe pour enlever les filaments du céleri et hachez-le ; hachez également l'échalote.Faites chauffer 3 cuillères à soupe d'huile dans l'autocuiseur et faites-y revenir doucement la carotte, le céleri et l'échalote ; ajoutez également 3 branches de thym et 2 feuilles de laurier.
- Découpez le croupion de la dinde en cubes d'environ 3 cm. Chauffez une poêle ou un wok avec une cuillère à soupe d'huile et, à feu vif, faites bien dorer les cubes de dinde ; déglacez avec le Martini sec.
- Vous pouvez le faire directement dans l'autocuiseur, mais vous risquez de brûler le sauté. Je vous conseille donc de le faire dans une casserole séparée.
- Transférez la dinde dans l'autocuiseur. Ajoutez un verre d'eau bouillante (ou de bouillon), du poivre et du sel ; fermez avec le couvercle et comptez 15 minutes à partir du sifflet.
- Pendant ce temps, épluchez et coupez les pommes de terre en gros cubes. Après 15 minutes, ventilez, ouvrez, ajoutez les pommes de terre avec une pincée de sel.
- Fermez le couvercle et comptez 10 minutes à partir du coup de sifflet. Votre ragoût est maintenant prêt. S'il est trop liquide, laissez-le à découvert pendant quelques minutes.

RÔTI DE BŒUF AU BRANDY

DOSES
4

PRÉPARATION
25 M

INGRÉDIENTS

- 1 kg de faux-filet
- 250 g de carottes
- 250 g de choux de Bruxelles
- quelques brins de romarin
- quelques feuilles de sauge
- qb de brandy
- qb de beurre
- qb d'huile d'olive extra-vierge
- qb de sel
- qb de poivre

PRÉPARATION

- Pour la recette du rôti de bœuf au brandy, attachez la longe de bœuf avec quelques tours de ficelle de cuisine. Epluchez les carottes. Coupez les choux de Bruxelles en deux et faites-les bouillir pendant 4-5 minutes dans de l'eau salée. Puis, égouttez et mettez de côté.
- Faites fondre 30 g de beurre dans l'autocuiseur avec 2 cuillères à soupe d'huile et ajoutez une branche de romarin et une branche de sauge.
- Ajoutez la viande et faites-la bien dorer de tous les côtés, en la retournant avec deux cuillères en bois pour ne pas la perforer et ne pas disperser les jus.
- Déglacer avec 1/2 verre de brandy, à feu doux ; puis saler et poivrer à volonté. Fermez l'autocuiseur et laissez cuire pendant 10 à 15 minutes à partir du sifflement, selon le degré de cuisson souhaité.
- Éteignez le feu et laissez la vapeur s'échapper de la valve, sortez le rosbif et laissez-le refroidir sur une plaque.
- Ajoutez une noix de beurre au jus de cuisson, retirez les herbes et réduisez la sauce de moitié et faites cuire pendant 5 minutes supplémentaires. Incorporez ensuite les légumes et faites-les cuire pendant 5 minutes supplémentaires dans la sauce.
- Lorsque la viande a un peu refroidi, coupez-la en tranches pour ne pas les casser, puis servez le rosbif avec les légumes et le jus de cuisson chaud.

POULET FARCI

DOSES
4

PRÉPARATION
1 H

INGRÉDIENTS

- 500 g de poitrine de poulet en un seul morceau
- 5 tranches de bacon, finement tranchées
- 6 tranches de fromage provolone
- 3 artichauts
- sel selon goût
- poivre au goût

PRÉPARATION

- Commencez par faire germer les artichauts, puis retirez les feuilles extérieures et les tiges les plus dures. Coupez les artichauts en quartiers et faites-les cuire dans une poêle avec un peu d'huile d'olive extra vierge jusqu'à ce qu'ils soient tendres.
- Étalez la viande de poulet sur une planche à découper et battez-la avec un attendrisseur de viande pour la rendre plus homogène. Alignez les tranches de bacon sur une assiette et posez le poulet dessus.
- Farcir la viande avec les artichauts et le fromage de provola, bien l'enrouler et la fixer avec de la ficelle de cuisine. Maintenant, farinez le rouleau et faites-le dorer dans une poêle avec un peu d'huile d'olive extra vierge.
- Versez le vin blanc et laissez-le se décolorer, brunir des deux côtés, laissez l'alcool s'évaporer complètement, puis arrosez avec un peu d'eau et fermez hermétiquement l'autocuiseur avec le couvercle.
- Lorsque la valve se ferme, baissez la flamme et poursuivez la cuisson pendant encore 15 minutes environ.
- Laissez s'échapper toute la pression avant de retirer le couvercle et de servir le poulet farci en tranches et arrosé de son délicieux jus de cuisson.

RAGOÛT DE VEAU AU POTIRON ET AUX POIREAUX

DOSES
4

PRÉPARATION
35 M

INGRÉDIENTS

- 500 g de ragoût de veau
- 400 g de potiron nettoyé
- 1 poireau
- 1 carotte
- ½ verre de vin blanc
- 250 ml d'eau tiède
- qb d'huile d'olive extra vierge
- qb de sel

PRÉPARATION

- Préparez les légumes : coupez le poireau et la carotte en rondelles et le potiron en cubes réguliers. Mettez la poêle sur un feu vif et versez suffisamment d'huile d'olive extra vierge. Ajoutez les légumes, sauf le potiron, et faites-les revenir.

- Assaisonnez selon votre goût et ajoutez ensuite 100 ml d'eau, en poursuivant la cuisson pendant quelques minutes. Ajoutez le potiron et salez à nouveau si nécessaire. Après environ 5 minutes, ajoutez les morceaux de veau.

- Faites-les frire de tous les côtés, puis versez un demi-verre de vin blanc et poursuivez la cuisson jusqu'à ce qu'il soit complètement évaporé.

- Ajoutez 150 ml d'eau et fermez l'autocuiseur avec le couvercle. Fermez la valve et faites cuire pendant 25 minutes après le coup de sifflet. Servez immédiatement le ragoût encore chaud, accompagné de son jus de cuisson et des légumes.

JAMBONNEAU DE PORC

DOSES
2

PRÉPARATION
1 H

INGRÉDIENTS

- 1 grand jarret de porc (environ 1 kg)
- poivre noir moulu au goût
- sel au goût
- 1 cuillère à soupe huile d'olive
- 1 échalote
- 100 g des champignons
- 1/2 cuillère à soupe farine
- 50 g purée de tomate
- herbes mélangées séchées
- 1/2 cuillère à café sucre
- 1 pincée cannelle en poudre
- 100 ml de vin blanc
- 100 ml de bouillon de viande (ou un demi-cube + 100 ml d'eau)

PRÉPARATION

Lavez le jarret sous l'eau du robinet et séchez-le bien avec du papier absorbant ; saupoudrez de sel et de poivre noir, en le répartissant bien sur toute la surface.À ce stade, faites-la dorer avec de l'huile d'olive extra vierge, à l'intérieur de l'autocuiseur, en la retournant avec une spatule (jamais avec une fourchette pour ne pas piquer la viande !) pour favoriser une cuisson uniforme. Une fois cuit, mettre de côté. Lavez rapidement les champignons sous l'eau du robinet pour éliminer toute trace de terre, et épluchez l'échalote. Coupez les champignons et l'échalote en morceaux ; ni la manière ni la taille n'ont d'importance, car tout sera mélangé à la cuisson.En utilisant le jus de cuisson du jarret, faites mijoter les champignons et l'oignon, avec la farine, à feu moyen pendant environ 1 ½ minute. Ajoutez l'assaisonnement (un saupoudrage), la cannelle, la purée de tomates, le sucre et le vin blanc ; si vous utilisez un cube de bouillon de viande au lieu du bouillon de viande, ajoutez-le maintenant.Faites cuire pendant environ 2 ½ minutes, en remuant de temps en temps ; ajoutez enfin le jarret mis de côté et le bouillon de viande (ou l'eau si vous utilisez un cube de bouillon).Fermez la cocotte, en suivant les instructions du fabricant, augmentez le feu au maximum et attendez le coup de sifflet, puis faites cuire pendant 40 minutes à feu moyen-doux.Lorsque la cuisson est terminée, libérez la vapeur de l'autocuiseur par la valve et ouvrez le couvercle selon les instructions du fabricant, retirez le jarret et mettez-le de côté en essayant de le garder au chaud.Filtrer le jus de cuisson, de manière à séparer la partie liquide des légumes, mixer les légumes en ajoutant un peu de bouillon liquide filtré, selon la densité que vous souhaitez donner à la sauce finale.Servez le jarret de porc cuit à l'autocuiseur, accompagné de la sauce fraîchement préparée et, éventuellement, des pommes de terre.

VIANDE À LA GÉNOISE

DOSES
6

PRÉPARATION
2+ H

INGRÉDIENTS

- 1,5 kg de boeuf
- 2 kg des oignons
- 1 branche de céleri
- 1 carotte
- qb herbes aromatiques provençales
- qb sel
- qb poivre

PRÉPARATION

- Commencez par émincer finement les oignons, puis mettez-les dans la poêle avec la viande grossièrement hachée et un peu d'huile d'olive extra vierge.

- Laissez tout brunir, en remuant souvent, puis versez le vin et attendez qu'il soit complètement évaporé.

- À ce stade, ajoutez un verre d'eau chaude, puis fermez hermétiquement l'autocuiseur avec le couvercle et laissez cuire pendant 20 minutes à partir du début du sifflement.

- Une fois ce temps écoulé, éteignez le feu et n'ouvrez la cuisinière qu'après avoir laissé toute la vapeur s'échapper de la valve.

- Mélangez bien le tout, en remuant avec une cuillère en bois pour que les oignons deviennent crémeux. La viande génoise en cocotte-minute est maintenant prête à être servie.

MAGATELLO AVEC MIMOSA

DOSES
6

PRÉPARATION
30 M

INGRÉDIENTS

- 900 g de abats de veau
- 80 g de thon en conserve
- 3 jaunes d'œufs durs
- persil
- sauge
- romarin
- vin blanc sec
- un citron
- huile d'olive extra vierge
- sel et poivre au goût

PRÉPARATION

- Pour la recette du magatello avec mimosa, faites chauffer 2 cuillères à soupe d'huile dans l'autocuiseur avec une branche de sauge et une branche de romarin.
- Insérez le veau, puis faites dorer la viande en la retournant jusqu'à ce qu'elle soit colorée de tous les côtés. Assaisonnez avec du sel et du poivre, puis arrosez avec un demi-verre de vin blanc.
- Attendez que l'alcool se soit complètement évaporé, puis fermez la marmite et laissez cuire pendant 20 minutes à partir du moment où vous entendez le sifflet.
- Une fois cuit, retirez le rôti et laissez-le refroidir sur une planche à découper. Coupez-la en fines tranches et disposez-les sur un plat de service, en les intercalant avec des tranches de citron comme garniture.
- Saupoudrer d'un jaune d'œuf dur tamisé et servir avec une sauce préparée en hachant ensemble le thon, les jaunes d'œuf restants, 6 cuillères à soupe d'huile d'olive extra vierge, du sel et du poivre, puis garnir de persil.

CHILI AVEC DE LA VIANDE

DOSES
4

PRÉPARATION
30 M

INGRÉDIENTS

- 600 g de viande de bœuf (épaule, rumsteck...)
- 1 poivron
- 2 oignons
- 2 gousses d'ail
- 1/2 boîte de tomates pelées
- 250 g de haricots rouges en boîte (égouttés)
- 1 cuillère à soupe de cumin et de paprika
- grains de coriandre hachés
- 4 cuillères à soupe d'huile
- 30 cl d'eau
- sel et poivre de cayenne

PRÉPARATION

- Coupez la viande en dés, puis hachez l'oignon et l'ail, puis émincez le poivron.
- Dans l'autocuiseur, mettez l'huile et faites légèrement revenir la viande en remuant, puis ajoutez les poivrons, les oignons, puis l'ail, le paprika, le cumin, la coriandre, les tomates avec leur jus et l'eau. Assaisonnez et retournez bien le tout, puis fermez hermétiquement la marmite.
- Dès l'ébullition, réduisez le feu et laissez mijoter pendant environ 10 minutes. Laissez la vapeur s'échapper, puis ouvrez la marmite et incorporez les haricots rouges égouttés. Refermez et laissez cuire à feu doux pendant 15 minutes.
- Enfin, ouvrez l'autocuiseur, rectifiez l'assaisonnement avec du sel et du poivre si nécessaire, puis servez accompagné d'un délicat riz basmati cuit à la vapeur en accompagnement.

POULET AU CURRY

DOSES
4

PRÉPARATION
20 M

INGRÉDIENTS

- 500/600 g de blancs de poulet, nettoyés et coupés en morceaux d'environ 2-3 cm
- 1/2 verre de bouillon de poulet prêt à l'emploi
- 50 g d'oignon, coupé en morceaux
- 1 gousse de pomme pelée
- 1 tranche d'ananas, coupée en cubes
- 2 cuillères à soupe de curry en poudre
- 50 ml de vin blanc
- 100 ml de crème liquide fraîche
- 1 cuillère à soupe de yaourt blanc
- 70 g de beurre
- huile d'olive extra vierge

PRÉPARATION

- Faites chauffer 2 cuillères à soupe d'huile dans la poêle et faites-y dorer le poulet, un peu à la fois, pendant quelques minutes. Gardez-le de côté.

- Versez 2 cuillères à soupe d'huile dans la poêle, ajoutez l'oignon, la pomme et l'ananas et faites cuire pendant 2 minutes en remuant. Ajouter la poudre de curry et le vin. Laissez-le s'évaporer pendant 1 minute, baissez le feu, versez la dose d'hectolitre de bouillon et fermez la marmite.

- Faites cuire pendant 5 minutes à partir du point de sifflement. Libérez progressivement la vapeur, puis ouvrez, versez la crème et faites cuire pendant 2 minutes sans le couvercle.

- Laissez refroidir puis passez le tout au mixeur, passez au tamis, ajoutez le beurre et le yaourt. Mixez jusqu'à obtenir une sauce. Transférez le poulet et la sauce dans la casserole, fermez et faites cuire pendant 1 minute à partir du point de sifflement.

- Laissez progressivement la vapeur s'échapper, puis ouvrez le couvercle et laissez refroidir avant de servir.

POULET AU VIN ROUGE

DOSES
4

PRÉPARATION
20 M

INGRÉDIENTS

- 1 poulet entier coupé en morceaux
- 50 ml d'huile d'olive extra vierge
- 1 oignon blanc
- 2 petites carottes
- 200 ml d'eau
- 100 ml de vin rouge
- romarin
- sel et poivre

PRÉPARATION

- Dans un blender, mettez les carottes et l'oignon finement coupés. Pendant ce temps, dans l'autocuiseur, ajoutez un filet d'huile d'olive extra vierge et, une fois la température idéale atteinte, faites-y revenir les carottes et l'oignon hachés.

- Ajoutez maintenant les morceaux de poulet et faites cuire à feu doux pendant 8 à 10 minutes, en prenant soin de remuer le tout de temps en temps pour que tous les arômes soient parfaitement combinés à la viande.

- Une fois le poulet doré, laissez-le déglacer avec le vin, assaisonnez avec du sel, du romarin et du poivre, puis ajoutez de l'eau dans l'autocuiseur et fermez-le hermétiquement avec le couvercle.

- À partir du moment où le sifflet retentit, laissez le poulet cuire dans l'autocuiseur pendant environ 20 à 25 minutes. Ouvrez la valve et laissez la vapeur s'échapper complètement, puis ouvrez le couvercle de la cuisinière et retirez les morceaux de poulet.

- Servez et arrosez la viande avec quelques louches de jus de cuisson, décorez éventuellement avec quelques brins de romarin et ajoutez un accompagnement parfumé de pommes de terre au four.

GELÉE DE PORC ET DE JARRET

DOSES
6

PRÉPARATION
2 H

INGRÉDIENTS

- 2 cuisses de porc
- 1 jarret de porc entier
- 1 oignon
- 1 carotte
- 2 feuilles de laurier
- 4 gousses d'ail
- qb sel
- qb grains de poivre noir

PRÉPARATION

- Lavez bien les cuisses et les jarrets de porc et faites-les dorer quelques secondes directement sur la flamme. Frottez la peau avec un couteau pour qu'elle devienne légère et propre.
- Coupez la viande en morceaux et placez-la dans le bol de l'autocuiseur, puis déposez dessus les carottes et les oignons préalablement lavés, épluchés et hachés.
- Ajoutez du sel selon votre goût, les deux feuilles de laurier et les grains de poivre noir. Fermez le pot avec son couvercle, puis sélectionnez le mode "extinction" pendant deux heures.
- Une fois le temps de cuisson écoulé, retirez le bol et laissez refroidir complètement. Retirez les morceaux de porc avec une écumoire et gardez-les dans un bol séparé. Maintenant que la viande est tendre, séparez la chair et jetez les os et les cartilages restants.
- Pendant ce temps, passez le bouillon dans une passoire fine. À ce stade, pelez l'ail, lavez-le, séchez-le, coupez-le en petits morceaux et placez-le au fond des récipients où vous allez former les gelées.
- Déposez la viande de porc hachée sur le dessus et remplissez de bouillon jusqu'à ras bord. Placez au réfrigérateur et laissez reposer pendant cinq heures : la gelée de viande doit devenir épaisse.
- Avant de servir, renversez la viande en gelée sur des assiettes plates. Cette recette est délicieuse servie avec de la moutarde, du raifort et des pommes de terre bouillies.

POULET À LA VAPEUR

DOSES
4

PRÉPARATION
30 M

INGRÉDIENTS

- 2 poitrines de poulet entières
- 4 courgettes moyennes
- persil en abondance
- 5 cuillères à soupe d'huile d'olive vierge extra
- qb sel

PRÉPARATION

- Divisez les poitrines de poulet en deux et désossez-les. Placez-les dans le panier vapeur et à partir du sifflement, faites cuire pendant 10 minutes en couvrant la casserole.

- Pendant ce temps, lavez bien les courgettes, puis séchez-les et coupez-les en dés. Lavez une bonne quantité de persil, séchez-le et hachez-le.

- Mettez le persil dans un bol avec 5 cuillères à soupe d'huile et laissez-le reposer.

- Lorsque le poulet est cuit, remettez les courgettes dans la poêle et laissez cuire à feu moyen pendant 10 minutes supplémentaires.

- Lorsque le poulet et les courgettes sont cuits, placez-les sur un plat de service, arrosez-les du mélange d'huile et de persil, puis salez et servez.

DINDE AVEC POMMES DE TERRE ET PETITS POIS

DOSES
4

PRÉPARATION
30 M

INGRÉDIENTS

- 500 g de dinde en morceaux
- 1 kg de pommes de terre
- 150 g de petits pois
- 1/2 oignon
- qb d'huile d'olive extra vierge
- 1/2 verre de purée de tomates
- qb de sel
- 300/400 ml d'eau

PRÉPARATION

- Pour préparer la dinde, les pommes de terre et les petits pois dans l'autocuiseur, vous devez combiner tous les ingrédients ensemble à l'état brut.

- Ensuite, épluchez les pommes de terre et coupez-les en morceaux de taille moyenne, placez-les dans un bol et lavez-les sous l'eau courante. Égouttez-les et placez-les dans un autocuiseur assez grand et à fond large.

- Ajoutez la dinde préalablement hachée, ajoutez les petits pois, la purée de tomates, l'oignon finement émincé, une pincée de sel et un filet d'huile d'olive extra vierge.

- Remuez bien le tout avec une cuillère en bois et arrosez enfin d'eau. Placez l'autocuiseur sur un feu vif et portez à ébullition ; une fois celle-ci atteinte, baissez la flamme et laissez cuire pendant environ 20 minutes.

- Ouvrez la valve et laissez-le s'évaporer, puis ouvrez la marmite et, si le contenu est trop sec, ajoutez un peu d'eau, puis tournez à nouveau pour que tous les ingrédients se mélangent.

PILONS DE POULET AVEC RAGOÛT DE LÉGUMES

DOSES
6

PRÉPARATION
20 M

INGRÉDIENTS

- 6 pilons de poulet
- 450 g d'un sac de légumes mixtes surgelés
- 200 g d'oignons de printemps
- vin blanc sec
- huile d'olive extra vierge
- quelques feuilles de sauge
- brins de romarin
- sel et poivre

PRÉPARATION

- Pour préparer les pilons de poulet aux légumes mijotés, faites chauffer 2 cuillères à soupe d'huile d'olive extra vierge dans l'autocuiseur, puis ajoutez les feuilles de sauge et de romarin hachées.
- Faites revenir les pilons de poulet de manière à ce qu'ils soient uniformément dorés. Salez et poivrez à votre goût, puis arrosez-les d'un demi-verre de vin blanc.
- Incorporez maintenant tout le contenu du sac de légumes surgelés. Fermez l'autocuiseur et faites cuire pendant 8 minutes à partir du point de sifflement.
- Pendant ce temps, blanchir séparément les oignons de printemps dans de l'eau bouillante salée.
- Après cela, ouvrez l'autocuiseur, ajoutez les oignons de printemps, fermez-le et comptez encore 5 minutes de cuisson.
- Servez les pilons de poulet encore chauds, avec les légumes à l'étouffée, en arrosant le tout avec le jus de cuisson.

LAPIN AU CITRON

DOSES
2

PRÉPARATION
40 M

INGRÉDIENTS

- 2 cuisses de lapin
- 400 g des pommes de terre
- 2 cuillères à soupe d'olives noires
- 1 citron
- 1 échalote
- sel et poivre
- brins de persil
- huile d'olive extra vierge

PRÉPARATION

- Faites revenir l'échalote hachée avec un peu d'huile d'olive extra vierge dans l'autocuiseur. Laissez-le flétrir à feu doux et, s'il se dessèche trop, faites-le pâlir avec du vin blanc.
- Insérez les cuisses de lapin, montez le feu et faites-les dorer des deux côtés. Assaisonnez avec du sel et du poivre, puis fermez avec le couvercle. A partir du sifflet, comptez 20 minutes de cuisson.
- Pendant ce temps, lavez et épluchez les pommes de terre, puis coupez-les en petits morceaux. Faites-les revenir dans une poêle avec un peu d'huile d'olive.
- Il n'est pas nécessaire de les cuire puisqu'ils seront terminés dans l'autocuiseur ; cependant, laissez-les dorer et bien dorer pendant quelques minutes.
- Après 20 minutes, ouvrez la valve et laissez la vapeur s'échapper complètement, puis ouvrez l'autocuiseur et incorporez les pommes de terre et les olives noires.
- Refermez et, à partir du sifflet, calculez un temps de cuisson de 6 minutes. A ce stade, ouvrez à nouveau sans oublier de relâcher complètement la pression.
- Si le liquide de cuisson semble trop important, versez-le dans un petit bol et mettez-le de côté, vous pourrez l'utiliser plus tard pour une sauce ou un jus de viande.
- Ajouter le jus de citron et le persil préalablement haché ainsi que le zeste de citron et servir immédiatement le lapin encore chaud et arrosé du jus de cuisson parfumé.

AILES DE POULET AVEC DES POMMES DE TERRE

DOSES
3

PRÉPARATION
20 M

INGRÉDIENTS

- 6 ailes de poulet
- 2 brins de romarin
- quelques feuilles de sauge
- q.b. sel
- huile d'olive
- 3 pommes de terre jaunes de taille moyenne

Pour faire la sauce verte (pour assaisonner les pommes de terre):

- 20 g de persil
- 1 cuillère à soupe de câpres dessalées
- 4 cuillères à soupe d'huile
- 1 cuillère à soupe de vinaigre
- 2 filets d'anchois

PRÉPARATION

Nettoyez les pommes de terre et équeutez-les, puis coupez-les en petits morceaux. Prenez l'autocuiseur, mettez-y les pommes de terre de taille moyenne, l'eau (ne doit pas dépasser la marque indiquée), fermez le couvercle et placez sur une grande cuisinière à feu vif.Dès que la soupape commence à sonner, déplacez l'autocuiseur vers une cocotte plus petite à feu doux.Réglez un temps de cuisson de 15 à 20 minutes selon la taille des pommes de terre, puis éteignez la flamme et laissez toute la vapeur s'échapper par la soupape d'aération, puis ouvrez l'autocuiseur et retirez les pommes de terre, que vous garderez sur un côté bien au chaud.Nettoyez maintenant les ailes de poulet, coupez-les en deux à l'aide de ciseaux de cuisine et retirez l'excès de peau, la partie grasse.Mettez l'huile, la sauge et le romarin hachés, les ailes de poulet nettoyées dans l'autocuiseur et faites cuire en brunissant pendant 5 minutes, en retournant de temps en temps et en ajoutant du sel si nécessaire. Fermez l'autocuiseur et poursuivez la cuisson pendant 15 minutes supplémentaires, à la fin desquelles vous retournerez les ailes et les arroserez avec le jus de cuisson pour leur donner un bon goût.Terminez la cuisson pendant une minute avec la poêle ouverte, pendant ce temps mettez les pommes de terre dans un saladier et assaisonnez-les avec la salsa verde. Pour le préparer, hachez quelques brins de persil, ajoutez une cuillère à soupe de câpres et deux filets d'anchois. Finissez d'assaisonner les pommes de terre avec l'huile et le vinaigre et mélangez bien, puis retirez les ailes de poulet et servez le tout ensemble à table.

RAGOÛT DE LAPIN AU CITRON VERT

DOSES
4

PRÉPARATION
30 M

INGRÉDIENTS

- 1 lapin en morceaux
- 2 citrons verts
- 2 anchois à l'huile
- 1 cuillère à soupe de câpres
- 1 branche de sauge
- 2 branches de romarin
- 2 gousses d'ail
- 1 verre de vin blanc
- qb d'huile d'olive extra vierge
- sel et poivre

PRÉPARATION

- Préparer la sauge et le romarin hachés et les mettre de côté.
- Placez le lapin haché, les gousses d'ail entières, la sauge et le romarin hachés dans le fond de l'autocuiseur, puis assaisonnez avec un filet d'huile d'olive extra vierge et faites revenir à feu vif pendant quelques minutes.
- Mouillez le lapin avec le jus de citron vert et un verre de vin blanc, assaisonnez avec du sel et du poivre, et laissez le vin s'estomper lentement. Fermez la casserole et laissez cuire pendant environ 15 minutes à partir du point de sifflement.
- Pendant ce temps, préparez un hachis d'anchois et de câpres qui sera mélangé au ragoût de lapin lorsqu'il sera cuit.
- Servez le lapin au citron vert avec la salsa verde encore chaude, éventuellement accompagné de pommes de terre cuites au four ou à l'eau, ou d'un plat d'accompagnement composé de légumes poêlés.

LAPIN AUX CHAMPIGNONS ET AUX POMMES DE TERRE

DOSES
4

PRÉPARATION
40 M

INGRÉDIENTS

- 1 lapin entier en morceaux
- 20 g de champignons secs
- 40 g de beurre (ou margarine)
- 100 g de poitrine de porc (100 g en morceaux)
- 1 oignon
- 1 cuillère à soupe de farine blanche
- 1 verre de vin blanc sec
- 10 cl de bouillon cube
- persil
- 1 feuille de laurier
- 1 pincée de thym
- 600 g de pommes de terre
- sel et poivre

PRÉPARATION

- Faites tremper les champignons pendant 1/2 heure, puis pressez-les et hachez-les grossièrement. Pendant ce temps, passez le lapin sous l'eau courante fraîche, puis séchez-le. Coupez le bacon en dés et émincez finement l'oignon.

- Dans l'autocuiseur, faites revenir le lapin avec du beurre pendant quelques secondes. Ensuite, ajoutez l'oignon et le bacon, en continuant à les faire revenir. Lorsque le lapin est bien doré, saupoudrez-le de farine, puis remuez bien et versez enfin le vin, que vous laissez s'évaporer.

- Incorporez maintenant le bouillon, le persil haché, une pincée de thym et quelques feuilles de laurier.

- Avant de fermer la marmite, saler et poivrer, puis couvrir hermétiquement avec le couvercle et dès le début du sifflement baisser le feu au minimum, puis calculer 20 minutes de cuisson à feu doux. Pendant que le lapin cuit, occupez-vous des pommes de terre : épluchez-les, lavez-les puis coupez-les en morceaux.

- Après 20 minutes de cuisson du lapin, ajouter les pommes de terre et les champignons initialement mis de côté, saler à nouveau si nécessaire et ajouter du bouillon. Enfin, fermez l'autocuiseur et laissez-le cuire pendant 8 à 10 minutes à feu doux.

ROULEAUX DE POULET, JAMBON ET FROMAGE

DOSES
2

PRÉPARATION
15 M

INGRÉDIENTS

- 2 filets de poulet
- 2 tranches de fromage à pâte molle
- 3 tranches de jambon
- qb sel et poivre
- huile d'olive extra vierge
- 1 oignon
- 400 ml de bouillon de légumes

PRÉPARATION

- Prenez le blanc de poulet et battez-le avec un attendrisseur de viande pour le rendre plus fin et plus lisse.
- Posez dessus les tranches de jambon cuit et de fromage, puis roulez les rouleaux et fermez-les avec un ou deux cure-dents.
- Versez un peu d'huile dans l'autocuiseur, puis mettez les rouleaux et faites-les dorer des deux côtés pendant environ deux minutes, en ajoutant l'oignon préalablement lavé, nettoyé et finement haché.
- Pendant ce temps, préparez le bouillon de légumes: si vous n'avez pas les légumes nécessaires et que vous manquez de temps, vous pouvez toujours utiliser un cube de bouillon lyophilisé ou du bouillon en poudre.
- Ajoutez le bouillon de légumes encore chaud dans la marmite, puis salez et poivrez et fermez l'autocuiseur avec son couvercle.
- À partir du sifflement, faites cuire pendant environ 7 minutes, au terme desquelles vous évacuerez complètement la vapeur.
- Servez les rouleaux arrosés de la sauce de cuisson.

ROULEAU DE DINDE FARCI

DOSES
8

PRÉPARATION
40 M

INGRÉDIENTS

- 800 g de rumsteck de dinde coupé en une seule tranche
- 2 omelettes
- 200 g de jambon cuit coupé en tranches
- 300 g d'épinards sautés au beurre
- quelques gousses d'ail
- 2 branches de romarin
- un verre de vin blanc
- huile, sel et poivre

Pour les omelettes :

- 2 œufs
- une pincée de sel et poivre
- 1 cuillère à soupe de parmesan râpé

PRÉPARATION

- Faites chauffer 1 cuillère à soupe d'huile d'olive extra-vierge dans une poêle et versez-y les œufs battus avec une pincée de sel et de poivre, puis faites cuire deux beignets qui serviront de garniture au rouleau de dinde.
- A l'aide d'un attendrisseur de viande, aplatir le rumsteck de dinde de façon à ce qu'il soit uniforme et fin, puis saler, et poser dessus les beignets, le jambon et les épinards préalablement sautés au beurre, et saupoudrer abondamment de parmesan.
- Roulez et attachez la viande avec de la ficelle de cuisine, puis frottez-la avec de l'huile d'olive, assaisonnez-la de sel et saupoudrez-la généreusement de poivre.
- À ce stade, faites revenir une gousse d'ail et deux brins de romarin dans l'autocuiseur avec un peu d'huile, ajoutez une gousse d'ail et deux brins de romarin, laissez-les prendre du goût pendant deux minutes, puis versez le vin blanc et laissez-le s'évaporer.
- Fermez le couvercle et, à partir du point de sifflement, faites cuire pendant environ 30 à 40 minutes. Une fois cuit, enveloppez le rouleau de dinde dans une feuille d'aluminium, retirez la gousse d'ail et les brins de romarin.
- Pendant ce temps, réduire le liquide de cuisson, puis ajouter une cuillère à café de fécule à une tasse d'eau froide et l'ajouter à la sauce, en faisant cuire pendant deux minutes pour l'épaissir.
- Coupez le petit pain en tranches et servez-le arrosé de la sauce de cuisson, éventuellement accompagné de pommes de terre au four.

LAPIN À LA LIGURIENNE

DOSES
2

PRÉPARATION
25 M

INGRÉDIENTS

- ½ lapin en morceaux
- 2 gousses d'ail
- ½ oignon
- 1 carotte râpée
- 1 brin de romarin
- 1 brin de thym frais
- 3 cuillères à soupe d'olives noires
- 2 cuillères à soupe de pignons de pin
- ½ verre de vin blanc sec
- qb de bouillon de légumes
- qb de beurre
- qb d'huile.

PRÉPARATION

- Prenez l'autocuiseur et faites fondre une noix de beurre avec un filet d'huile d'olive extra vierge.
- Ajouter ensuite la carotte préalablement pelée et râpée, l'oignon haché, deux gousses d'ail, le thym et le romarin, puis faire frire.
- À ce stade, ajoutez le lapin haché, versez le vin blanc et laissez-le s'estomper, puis faites frire pendant une minute.
- Enfin, ajoutez les olives et les pignons, et suffisamment de bouillon pour tout couvrir.
- Fermez l'autocuiseur avec son couvercle, puis faites cuire pendant 20 minutes à partir du sifflement.

POITRINE DE POULET À LA CRÈME ET AUX CHAMPIGNONS

DOSES
4

PRÉPARATION
20 M

INGRÉDIENTS

- 4 blancs de poulet
- 25 g de champignons séchés
- 50 g de beurre
- 1/2 dl de vin blanc sec
- 1/2 dl de bouillon de poulet
- 2 dl de crème liquide de cuisson
- qb de farine 00
- qb de sel
- qb de poivre blanc

PRÉPARATION

- Faites tremper les champignons dans de l'eau chaude pendant quelques minutes. Pendant ce temps, fendez les blancs de poulet en deux, en veillant à ne pas briser la fourchette à os, que vous devez essayer d'enlever entière.
- Battre la viande pour qu'elle soit fine et homogène, puis la fariner et la faire dorer avec une noix de beurre dans l'autocuiseur non couvert.
- Assaisonnez avec une pincée de sel et de poivre blanc, versez le vin et, lorsqu'il s'est complètement évaporé, les champignons bien égouttés, et enfin le bouillon.
- Toujours à découvert et à feu doux, versez la crème et remuez bien.
- À ce stade, fermez l'autocuiseur et comptez 5 minutes de cuisson à partir du début du sifflement.
- Laissez la vapeur s'échapper complètement avant d'ouvrir, puis servez les blancs de poulet bien arrosés de la sauce à la crème et aux champignons.

HAMBURGER PIZZAIOLA

DOSES
4

PRÉPARATION
30 M

INGRÉDIENTS

- 4 burgers (bœuf ou poulet)
- 2 oignons
- 350 ml de purée de tomates
- qb origan
- 1 pincée de poivre noir
- huile d'olive extra vierge
- 1 gousse d'ail
- 80 g de provola (ou mozzarella égouttée)
- qb de sel

PRÉPARATION

- Versez un peu d'huile d'olive dans l'autocuiseur et faites-y revenir la gousse d'ail et les oignons finement émincés. Faites cuire à feu doux pendant une minute, jusqu'à ce que les anneaux soient tendres et transparents.
- Ajoutez ensuite la purée de tomates, salez et poivrez, et assaisonnez d'une demi-cuillère à café d'origan.
- Diluez avec un peu d'eau, puis couvrez hermétiquement la sauce avec le couvercle et faites cuire pendant environ cinq minutes à partir du point de sifflement.
- Une fois le temps de cuisson écoulé, libérez la vapeur et ajoutez les hamburgers à la sauce. Faites cuire à feu doux pendant 5 minutes supplémentaires et couvrez les hamburgers avec un peu de sauce pour qu'ils prennent du goût.
- Lorsque la viande est cuite, ouvrez l'autocuiseur et placez les cubes de fromage provola ou les tranches de mozzarella sur les burgers, puis couvrez à nouveau avec le couvercle et laissez cuire pendant une minute jusqu'à ce que le fromage fonde.
- Éteignez le feu et servez les burgers pizzaiola bien chauds, arrosés de la sauce tomate de cuisson.

RAGOÛT DE SAUCISSES ET DE POMMES DE TERRE

DOSES
4

PRÉPARATION
40 M

INGRÉDIENTS

- 500 g de saucisse
- 50 g d'oignon doré
- 100 g de petits pois
- 250 g de pommes de terre
- 3 cuillères à soupe d'huile d'olive extra vierge
- 80 ml de vin rouge
- 1l de purée de tomates
- 400 ml d'eau
- qb poivre noir

PRÉPARATION

- Prenez l'oignon et hachez-le finement, puis épluchez les pommes de terre et mettez-les de côté. Versez un peu d'huile d'olive extra vierge dans l'autocuiseur et faites revenir l'oignon haché à feu doux, puis ajoutez la saucisse et montez le feu.
- Laissez la saucisse se colorer, versez le vin rouge et montez la flamme au maximum pour qu'il s'évapore.
- Ajoutez maintenant les petits pois, vous pouvez également utiliser des pois surgelés, et les pommes de terre, puis ajoutez la purée de tomates avec 400 ml d'eau. Ajustez le sel et ajoutez une pincée de poivre noir, puis mélangez bien le tout.
- Fermez hermétiquement le couvercle de l'autocuiseur et maintenez la flamme au maximum jusqu'au sifflement.
- À ce moment-là, baissez la flamme et laissez cuire pendant 20 minutes.
- Une fois cuit, éteignez la flamme et laissez-le reposer pendant cinq minutes, puis libérez la vapeur de l'autocuiseur.
- Lorsque toute la vapeur s'est échappée, ouvrez la marmite et servez la saucisse à l'étouffée encore chaude sur la table, accompagnée de la sauce aux pommes de terre et aux pois.

FILET DE POIVRON VERT

DOSES
4

PRÉPARATION
15 M

INGRÉDIENTS

- 4 médaillons de filet de bœuf (environ 200 g chacun)
- 2 cuillères à soupe de poivre vert
- 30 g de beurre
- 1 petit verre de brandy
- 150 ml de crème fraîche
- qb d'huile d'olive extra vierge
- qb de sel
- 1 cuillère à café de moutarde
- ficelle de cuisine

PRÉPARATION

- Enveloppez les médaillons de filet de bœuf avec de la ficelle de cuisine. À l'aide d'un pilon à viande ou d'un mortier, écrasez une partie du poivre vert et frottez-le dans la viande avec le sel, en le faisant bien adhérer.

- Dans l'autocuiseur, faites fondre le beurre avec un peu d'huile d'olive extra vierge et le reste des grains de poivre et faites-y dorer la viande deux minutes par côté.

- Retirez la viande de l'autocuiseur, déglacez avec le brandy à feu vif, puis baissez le feu et ajoutez la crème et la moutarde, fermez le couvercle et laissez cuire pendant deux minutes à partir du sifflement.

- Remettez le filet dans la poêle et faites-le cuire pendant deux à quatre minutes, selon la façon dont vous préférez votre viande, saignante ou bien cuite.

- Enfin, retirez la ficelle et servez le filet de poivron vert chaud.

SAUCE RAPIDE À LA SEICHE

DOSES
4

PRÉPARATION
20 M

INGRÉDIENTS

- 400 g de seiche nettoyée
- 300 g de purée de tomate
- demi-tube de concentré de tomate
- carotte, céleri et oignon
- qb sel
- huile d'olive extra vierge
- épices
- poignée des pignons de pin
- piment (facultatif)

PRÉPARATION

- Préparez tous les ingrédients, puis lavez et nettoyez bien les seiches, puis coupez-les en lanières.
- Dans l'autocuiseur, faire revenir le mélange à sauter avec les pignons de pin et un filet d'huile d'olive extra vierge, en prenant soin de laisser le feu très doux pour ne rien brûler.
- Lorsque le sauté a pris une belle couleur, augmentez la flamme et ajoutez la seiche, faites bien sauter et ajoutez ensuite le vin blanc. Salez et poivrez à votre goût, puis ajoutez la purée de tomates et le concentré de tomates et, si cela ne donne rien, ajoutez un peu d'eau.
- À ce stade, fermez l'autocuiseur et laissez cuire pendant 10 minutes à partir du début du sifflement.
- Lorsque le temps est écoulé, laissez la sauce s'égoutter complètement et laissez-la reposer pendant quelques minutes, puis assaisonnez les pâtes.

RAGOÛT BOLOGNAIS

DOSES
4

PRÉPARATION
25 M

INGRÉDIENTS

- 150 g de poitrine de porc hachée
- 600 g de viande de bœuf et de porc hachée
- 1 branche de céleri
- 2 carottes
- 1 oignon doré
- 400 g de purée de tomate
- 1 cuillère à soupe de concentré de tomate
- 65 ml de vin blanc sec
- 4 cuillères à soupe d'huile d'olive
- 1 noix de beurre
- sel et poivre
- 125 ml d'eau

PRÉPARATION

Commencez à préparer la sauce bolognaise dans un autocuiseur à partir du sauté. Hachez finement la carotte, le céleri et l'oignon avec un couteau. Faites ensuite chauffer l'huile et le beurre dans l'autocuiseur, ajoutez les légumes et faites-les cuire lentement à feu doux. Ajoutez le bacon, laissez-le prendre sa saveur et, après quelques minutes, montez le feu et ajoutez la viande hachée. Laissez-le brunir uniformément, en remuant continuellement et en l'écrasant avec une cuillère. Puis déglacer avec le vin blanc. Après ce temps, assaisonnez avec du sel et du poivre fraîchement moulu. Ajouter la purée de tomates et le concentré de tomates dilué dans l'eau chaude, en remuant avec une cuillère en bois pour bien mélanger. Portez à ébullition, fermez le couvercle et placez la casserole sur une cuisinière de taille moyenne à feu vif. A partir du sifflement, réduisez la puissance de la source de chaleur et laissez cuire pendant 25 minutes. Après ce temps, retirez du feu, laissez s'aérer et ouvrez le couvercle. Transférer le ragoût encore bouillant dans des bocaux en verre pré-stérilisés, en les remplissant jusqu'à 1 cm du bord, puis fermer hermétiquement. À ce stade, lavez l'autocuiseur et placez un torchon propre sur le fond. Placez les bocaux remplis sur le dessus, couvrez-les d'eau froide et prenez un autre torchon pour le placer entre les bocaux afin qu'ils ne s'entrechoquent pas. Portez les bocaux remplis à ébullition et stérilisez-les en les faisant bouillir dans la marmite ouverte pendant 20 minutes à feu doux. Une fois le temps nécessaire écoulé, éteignez le feu, laissez tout refroidir, puis égouttez les bocaux et retournez-les sur le plan de travail jusqu'à ce que la sauce soit à température ambiante.

SAUCE TOMATE

DOSES
4

PRÉPARATION
30 M

INGRÉDIENTS

- 400 g de tomates pelées
- 1 gousse d'ail
- 1/2 oignon
- 100 g de carottes
- 50 g de céleri
- 1 cuillère à soupe d'huile d'olive extra vierge
- 20 g de beurre
- 1/2 cuillère à café de sel
- qb de poivre

PRÉPARATION

- Hacher finement l'oignon, la carotte, le céleri et l'ail.
- Faites chauffer l'huile et le beurre à feu doux, que vous utilisiez un autocuiseur ou une casserole.
- Ajoutez les légumes coupés. Faites cuire pendant 4-5 minutes, en remuant plusieurs fois. Les légumes doivent ramollir mais ne pas brûler.
- Ajouter les tomates en dés, le sel et le poivre au goût. Si vous utilisez un autocuiseur, couvrez-le et fermez-le en faisant monter la pression.
- Faites cuire pendant 15 minutes à partir du premier jet de vapeur (suivez les instructions du fabricant pour déterminer quand l'appareil atteint la haute pression).
- Si vous n'utilisez pas de cocotte-minute, laissez mijoter la casserole couverte pendant environ 45 minutes.

SAUCE TOMATE, BASILIC ET OLIVE

DOSES
4

PRÉPARATION
30 M

INGRÉDIENTS

- une boîte de tomates pelées
- 3 cuillères à soupe d'olives dénoyautées dans de l'huile d'olive extra vierge
- basilic frais à volonté
- une cuillère à soupe de vin blanc
- 1 gousse d'ail pelée
- qb de sel
- qb de poivre
- une cuillère à café de sucre brun

PRÉPARATION

- Tout ce que vous avez à faire, c'est de mettre tous les ingrédients dans votre casserole et de bien les remuer, de fermer le couvercle et la valve, de régler 10 minutes à haute pression et le tour est joué.
- Une fois que la cuisinière a terminé le programme, éteignez-la et laissez la valve se purger.
- Si la sauce est restée un peu liquide, vous pouvez poursuivre la cuisson pendant 3 minutes supplémentaires dans le programme de cuisson pour faire épaissir la sauce.
- Pendant que la sauce cuit, il ne vous reste plus qu'à mettre la table et à porter l'eau à ébullition pour faire cuire vos pâtes préférées.
- Grâce à la fonction de saut, vous pouvez également assaisonner les pâtes directement dans la marmite, de sorte qu'elles soient assaisonnées avec la sauce comme dans une casserole traditionnelle.

RAGOÛT DE SAUCISSES

DOSES
4

PRÉPARATION
30 M

INGRÉDIENTS

- 300 g de saucisse épicée ou douce selon les goûts
- 250 g de tomates pelées ou en sauce
- un demi-oignon
- 2 cuillères à soupe d'huile d'olive extra vierge
- qb de vin blanc sec

PRÉPARATION

- Pour préparer la sauce à la saucisse, commencez par mettre 2 cuillères à soupe d'huile d'olive extra vierge et l'oignon haché dans une poêle, puis faites-le dorer légèrement et ajoutez la saucisse émiettée après l'avoir sortie de son boyau.
- Dès que la saucisse est bien dorée, arrosez de vin blanc sec, laissez-le s'évaporer et ajoutez la purée de tomates pelées ou la sauce tomate.
- Après avoir ajouté la sauce tomate, diluez-la avec un peu d'eau, puis fermez l'autocuiseur avec le couvercle et mettez le gaz à feu vif.
- Lorsque la soupape de la casserole commence à siffler, déplacez-la dans une cocotte plus petite avec la flamme au minimum et faites cuire pendant 15 minutes.
- Une fois le temps indiqué écoulé, éteignez le gaz, attendez quelques minutes et ouvrez la vanne en laissant la vapeur s'échapper complètement.
- Maintenant, avec une cuillère en bois, remuez bien pour mélanger tous les ingrédients, puis servez chaud avec les pâtes.

SAUCE AU POULPE

DOSES
4

PRÉPARATION
40 M

INGRÉDIENTS

- 600 g de poulpe
- 4 brins de persil
- 1 gousse d'ail
- 2 cuillères à soupe d'huile d'olive extra-vierge
- 100 ml de vin blanc sec
- 400 g de purée de tomate
- qb de sel

PRÉPARATION

- Commencez la ricotta en prenant soin du poulpe, puis lavez-le soigneusement sous l'eau courante fraîche, enlevez les yeux et les viscères contenus dans le sac, puis frottez-le bien pour enlever la couche gluante. Séchez-la et coupez-la en morceaux d'environ un centimètre.

- Prenez l'autocuiseur, versez un peu d'huile et ajoutez l'ail et le persil hachés, puis mettez le feu à faible intensité.

- Faites frire pendant quelques secondes, l'ail doit dorer doucement, puis retirez du feu pour refroidir complètement et incorporez les morceaux de poulpe.

- Faites cuire pendant quelques minutes à feu moyen, en tournant fréquemment avec une cuillère en bois, ajoutez le vin blanc et laissez-le s'évaporer.

- Enfin, ajoutez la purée de tomates avec une pincée de sel et, à partir du sifflet, baissez le feu et laissez cuire pendant environ 20 minutes.

- Une fois cuites, ajoutez du sel et du poivre si nécessaire et utilisez la sauce pour assaisonner les pâtes.

SAUCE À LA GÉNOISE

DOSES
4

PRÉPARATION
90 M

INGRÉDIENTS

- 1 kg de viande de bœuf (rump, royal ou rumsteck)
- 1 kg d'oignons blancs ou dorés
- 2 feuilles de laurier
- qb de sel
- qb de poivre
- fromage pecorino râpé

PRÉPARATION

- Prenez l'autocuiseur et versez une quantité généreuse d'huile d'olive extra vierge, puis ajoutez les carottes et le céleri hachés, et faites-les sauter à feu doux pendant deux minutes.

- Ensuite, ajoutez la viande hachée grossièrement et faites-la frire pendant 3 minutes jusqu'à ce qu'elle devienne pâle.

- Versez le vin et laissez-le s'évaporer, pendant ce temps, hachez finement les oignons et mettez-les dans la marmite, en ajoutant 2 verres d'eau chaude.

- Assaisonnez avec du sel et ajoutez 2 feuilles de laurier pour parfumer.

- À ce stade, couvrez l'autocuiseur et laissez cuire à feu doux pendant une heure.

- Lorsque la viande est cuite et tendre, laissez-la s'évaporer complètement, puis ouvrez la marmite et avec une cuillère en bois, remuez bien la sauce pour tout mélanger, puis servez-la chaude sur des pâtes.

SAUCE AUX BROCOLIS

DOSES
4

PRÉPARATION
20 M

INGRÉDIENTS

- 500 g de brocolis
- 25 g de fromage parmesan râpé
- 2 cuillères à soupe d'huile d'olive
- q.b. de sel
- q.b. de grains de poivre noir

PRÉPARATION

- Tout d'abord, bien laver le brocoli, puis avec un couteau bien aiguisé, couper les fanes en les séparant de la tige, qui est trop dure et coriace.
- Ensuite, placez les bouquets de brocoli dans un panier à l'intérieur de l'autocuiseur, versez deux verres d'eau et portez à ébullition.
- Fermez ensuite l'autocuiseur et, lorsque vous entendez le sifflement, baissez légèrement le feu et laissez cuire environ 5 à 6 minutes.
- Lorsque le brocoli est cuit et tendre, prenez une poêle assez grande et haute et versez deux cuillères à soupe d'huile d'olive extra vierge.
- Transférez le brocoli cuit à la vapeur dans la poêle et faites-le sauter à feu vif pendant 2 minutes, puis assaisonnez avec une pincée de sel et une râpure de poivre noir. Aidez-vous d'une cuillère en bois pour casser les têtes de brocoli en petits morceaux.
- Lorsque vous allez servir comme sauce pour les pâtes, n'oubliez pas d'ajouter quelques cuillères à soupe d'eau de cuisson des pâtes pour donner de l'onctuosité au plat.
- La sauce au brocoli se marie parfaitement avec les orecchiette.

SAUCE AUX POIS

DOSES
4

PRÉPARATION
25 M

INGRÉDIENTS

- 400 g de petits pois écossés
- 400 g de sauce tomate
- 1 gros oignon blanc ou doré
- une gousse d'ail
- quelques brins de romarin
- qb de persil
- qb huile d'olive
- sel et poivre

PRÉPARATION

- Commencez par écosser les petits pois et mettez-les de côté. Si vous ne disposez pas de pois frais, vous pouvez toujours utiliser des pois surgelés.
- Prenez l'autocuiseur, versez un peu d'huile et ajoutez les herbes hachées, puis faites-les revenir pendant une minute.
- Ajoutez ensuite les petits pois et laissez-les assaisonner pendant deux minutes (5 minutes si les pois sont congelés).
- Versez la sauce tomate, assaisonnez de sel et de poivre et couvrez la marmite avec son couvercle.
- À ce stade, après le sifflement, laissez cuire pendant environ 15-20 minutes, puis laissez la vapeur s'évacuer complètement, puis ouvrez et remuez bien.
- La sauce aux pois est prête à être servie soit avec du riz ou sur des pâtes, soit en accompagnement d'un plat de viande.

SAUCE AUX BÉBÉS POULPES

DOSES
4

PRÉPARATION
1 H

INGRÉDIENTS

- 500 g de bébé poulpe
- 350 g d'oignons blancs
- 200 g de purée de tomate
- quelques feuilles de basilic
- qb d'huile d'olive extra vierge
- qb de sel
- qb de poivre en grains

PRÉPARATION

- Pour préparer la sauce aux bébés poulpes, commencez par éviscérer les bébés poulpes, puis retirez leur bec et leurs yeux, lavez-les bien, égouttez-les et séchez-les avec un torchon.
- Ensuite, coupez les oignons en fines tranches et placez-les dans l'autocuiseur pour les faire revenir avec un peu d'huile d'olive extra vierge, puis ajoutez les bébés poulpes hachés et laissez-les assaisonner pendant environ 5 minutes.
- Ensuite, versez la purée de tomates, 200 ml d'eau chaude, une pincée de sel et une mouture de poivre, fermez la marmite et, après le coup de sifflet, prévoyez 30 minutes de cuisson, au terme desquelles laissez s'évaporer complètement.
- Utilisez la sauce aux bébés poulpes pour assaisonner les pâtes : avant de servir, ajoutez du basilic haché et une généreuse pincée de poivre, puis mélangez les pâtes al dente et répartissez-les sur des assiettes chaudes.

Printed in France by Amazon
Brétigny-sur-Orge, FR

13634988R00060